中公新書 1695

冨谷 至著

韓 非 子

不信と打算の現実主義

中央公論新社刊

はじめに——ある検分調書

某里の里長の甲が次のように報告してきました。

「里人の丙が首を吊《つ》って死にました。原因は分かりません。以上報告いたします」

そこで、部下の某と検分に行って参りました。

某の報告書

「巡査の某、甲、丙の妻、その娘とともに丙の死体を検分しました。遺体は自宅の東側の部屋の北側の壁に、南向きに吊り下がり、首に巻きついていたロープは親指程度の太さ、ぐるっと首をひと回りして、後頭部にその結び目ができておりました。ロープは二重に巻かれて棟から軒に渡した垂木《たるき》に結ばれ、二尺（五十センチ）ほど余りを残しております。頭部と垂木の間隔は二尺、足の先は地面から二寸（五センチ）ほど浮いていました。頭部と背中は壁についており、舌は唇からダラリと垂れ下がり、屎尿《しにょう》が漏れて両足を汚しておりました。ロープを解くと遺体の口と鼻からガスがため息をついたように漏れ、ロープによる鬱血《うっけつ》の跡が首筋に残っておりました。ただし、その跡は後頭部二寸ほどの部分には、ついておりません。

検査の結果、刀・棒などの凶器の跡は確認できませんでした。

垂木の大きさは、ひと握りほどで、長さは三尺（七十五センチ）、その西には二尺ほどの高さの土台があり、土台の上に乗ってロープを垂木に掛けることは十分可能です。地面は固く足跡は残っておりません。遺体が身に着けておりましたものは、短い上着とズボンで、素足でした。

甲と丙の娘に命じて遺体を車に乗せて県の役所に運んで、さらに詳しく調べをおこないました。検視にあたっては、まず第一に現場に残っている痕跡《こんせき》を仔細《しさい》に調査する。独自に遺体の発見場所に赴き、ロープの結び方を観察して、ロープを結んだ箇所に通した痕跡が残っているのかを確認したうえで、舌が口から出ているかどうか、頭・足とロープの結び目、地面などがどれくらいの距離にあるのか、屎尿が漏れているかどうかを見極めて、それからロープをはずすが、そのときに口や鼻からガスが漏れたかどうか、ロープによって生じる鬱血の有無を検査する。

ロープを結んだ所から頭をはずしてみて、うまくはずすことができれば、衣服を脱がせて身体の隅々、頭髪の付け根、陰部にいたるまで仔細に検視する。舌が出ていなかったり、ガスが口鼻から出なかったり、ロープによる鬱血の跡がなかったり、結んだロープからスムースに頭をはずせないとならば、縊死《いし》と断定することはできない。ただし、死亡してから長時間がたっておれば、口や鼻からガスが出ないこともある。
自殺者には必ずその原因がある。家族に問いただして、その理由を答えさせること」

一読された方に、これがいまから二千二百年以上前、西暦にして紀元前二二一年あたりの文書だと言ってすぐに理解してもらえるであろうか。もとより紙がいまだ出現していない頃、文字は竹簡《ちくかん》と呼ばれる長さ二十五センチ強、幅五ミリぐらいの細い竹の札に書かれ、綴《と》じ紐《ひも》が掛けられて巻物の形になっていた。書写する材料の違いこそあれ、これは今日の警察官が作成した自殺死体の検分調書だと説明されても、ほとんどの方はさほどの違和感を覚えないのではなかろうか。書かれている内容、そこで検証しようとしている事柄と方法は、きわめ

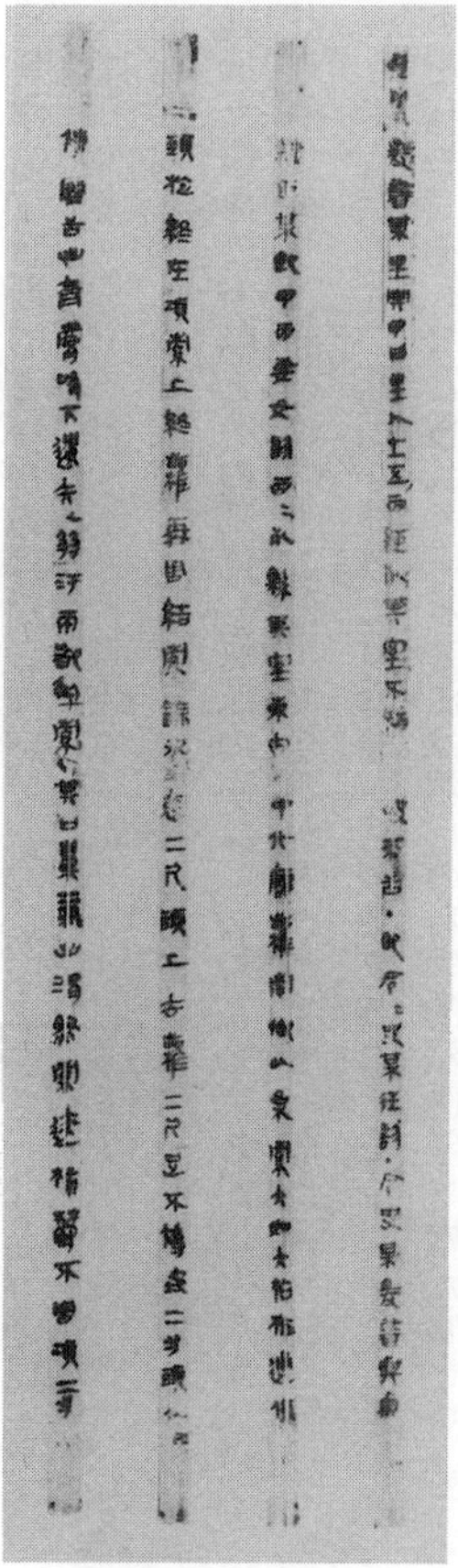
図1　雲夢秦簡，封診式「自殺」『睡虎地秦墓竹簡』（文物出版社，1977年）

て科学的、合理的と言わねばならない。

冒頭の縊死体の調書をもう一度見てみよう。ロープが首に掛かっていた状態、足の先と地面、頭部と垂木の間隔、垂木にロープを掛けることができるかどうか、その可能性、身体に残った鬱血の有無とその部位、屎尿の確認、口鼻からガスが出たのかどうか、さらには結んだロープから頭部をはずすことができるかどうか等々、微に入り細を穿《うが》った検証、それはいうまでもなく死亡原因が他殺ではなく、自殺であることを立証せんとするにほかならない。すなわち、そこでとられている方法は現代の科学的法医学さながらといっても過言ではなかろう。

この調書は一九七五年、湖北省雲夢《うんぼう》県睡虎地《すいこち》から発掘された秦《しん》代の墓の棺の中から出てきたものである。墓の時代は紀元前二二一年の秦始皇帝《しこうてい》統一直前にあたり、墓主は秦の司法関係の下級書記官であったこと、副葬された墓主の年代記が語る。その年代記とともに墓主が眠る棺の中から見つかったのが件《くだん》の調書で、「封診式《ふうしんしき》」という表題が記されていた。司法案件の処理において担当者が提出する報告書、調書の作成マニュアル、それがこの「封診式」である。

こういったものがなにゆえに墓の中に埋葬されたのか、いまはそのことは問わないでおこう。いずれ本書の中で言い及ぶことがあるだろう。ここでは、この調書が見せる驚くべき今日性を実感してもらえれば十分である。

話を変えて、こんな評論と会話がある。

役人の規律が乱れていても、国民はまとも、これはよくあることだが、国民がでたらめ、無茶苦茶で、役人が勤勉で精励、そのようなことは、見たことも聞いたこともない。

*

「ポストが少ないのに、ポストに就きたい輩《やから》は溢《あふ》れている。はて、どうしたものか」

「訳もないことです。能力中心主義を徹底し、勤務評定を厳しくし、それでもって能力給とすれば、我こそという連中しか残りません」

*

「楽団の演奏を聴いておれば、皆が一人前に演奏しそれなりに聞こえる。いったい誰が上手で、誰が下手なのか」

「その見分けは簡単です。ひとりひとりに独奏させたら、たちどころに分かりますよ」

*

ある画家に聞いた。

「何を描くのが一番難しいと思われますか？」

「それは、犬や猫です」

「では、一番簡単なのは?」

「幽霊・妖怪の類でしょうね。だって、犬や猫は誰でも知っており、どこででも目にするもの。幽霊や妖怪、そんなもの、誰もこれといった姿を見たことがないでしょう。だから、どのように描こうと誰も分からず、したがって誰も文句を言いません」

以上は、人の能力、分別に関する話題、次は、ちょっとした夫婦のやりとり。

妻「神様、お願いします。百束の布がただで手に入りますように」

夫「そりゃ、ちと少なすぎる。同じ願い事をするなら、もっとたくさん要求せねば」

妻「これで十分なんだよ。これ以上金持ちになると、あんた、外に女をつくるに違いないからね」

公務員と国民、人とポスト、能力ある者の識別、そして夫婦のやりとり、そのあたりに転がっているどこでも聞かれる日常茶飯、ただこれは二十一世紀の話ではない。先の睡虎地秦墓の「封診式」と同じ時代、つまり紀元前二二一年あたりの著作物の中にみられる話だといえばどうだろう。「封診式」の遺体検分調書が現実的、科学的であることから今日性をもつとすれば、科学的、合理的という評価はそぐわないにしろ、右のいくつかの会話は日常的、現実的、その意味でこれまた今日性に富む。つまり、紀元前の古代中国は今日とあまり変わらない考え方がすでに定着していた社会だったのである。

かかる社会がなにゆえに、どういう経過で出来《しゅったい》したのか、「封診式」が語る現実的、合理的な考えを生み出したのは？　そういったことを考えるうえでここにひとりの思想家がいる。韓非《かんぴ》。実は先の一連の会話は韓非が著したとされている書物『韓非子』の中から適当に引き出してきたものにほかならない。

『韓非子』と題した本書は、この韓非の思想を中心に据え、彼のもたらした法治国家、法実証主義、中国の法思想、さらにそれらが中国の歴史のうえでどのように受け入れられたのかを考えてみようと意図したものである。わが日本も含めた周辺地域、東アジアに通底する法意識、それが今日まで引き継がれてきたことを読者の前に示すことができればと思う。

目次

韓非子——不信と打算の現実主義

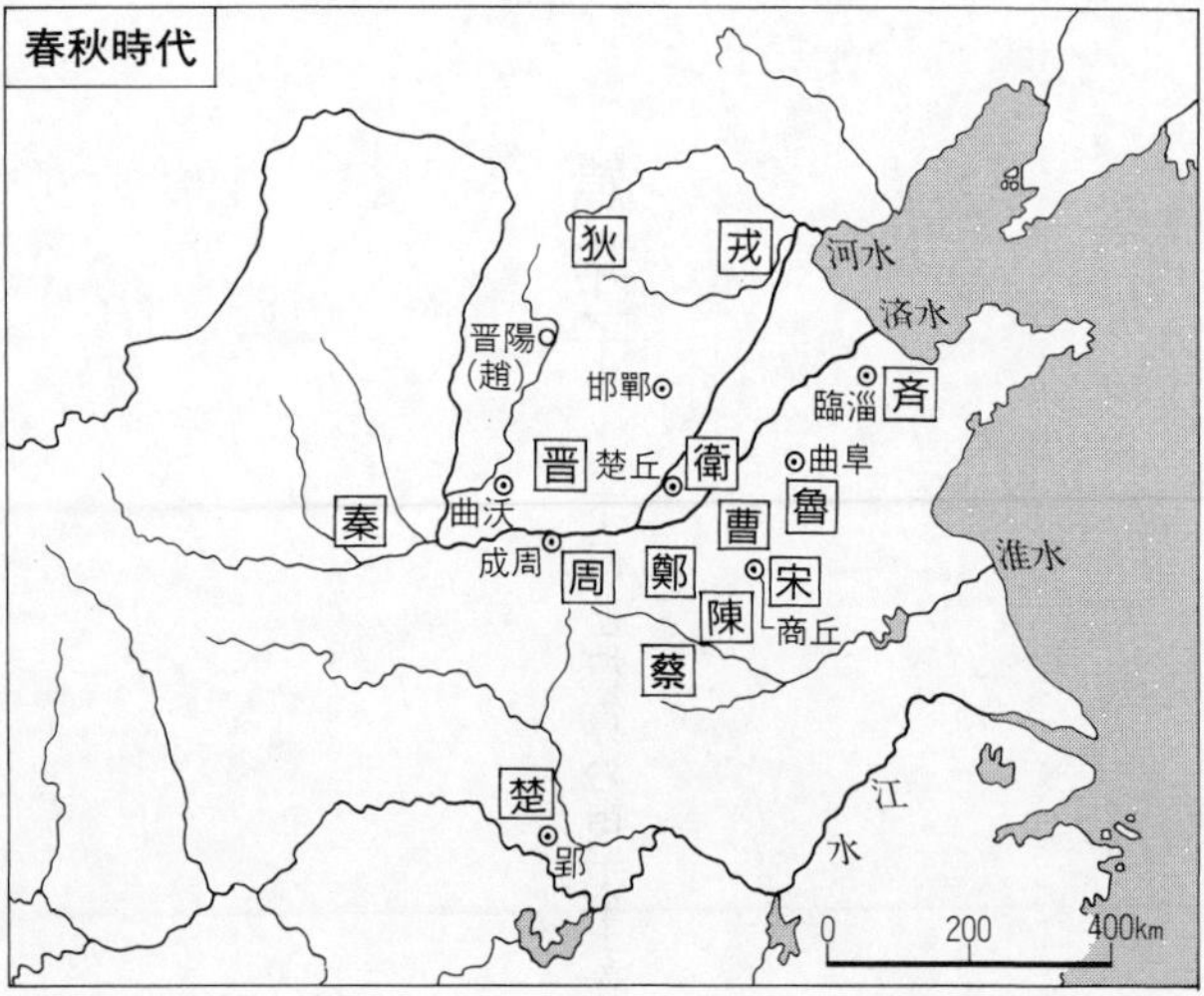
春秋時代
狄
戎
河水
済水
晋陽
(趙)
邯鄲
臨淄
斉
晋
楚丘
衛
曲阜
曲沃
秦
曹
魯
成周
周
鄭
宋
陳
商丘
淮水
蔡
楚
郢
江
水
0
200
400km

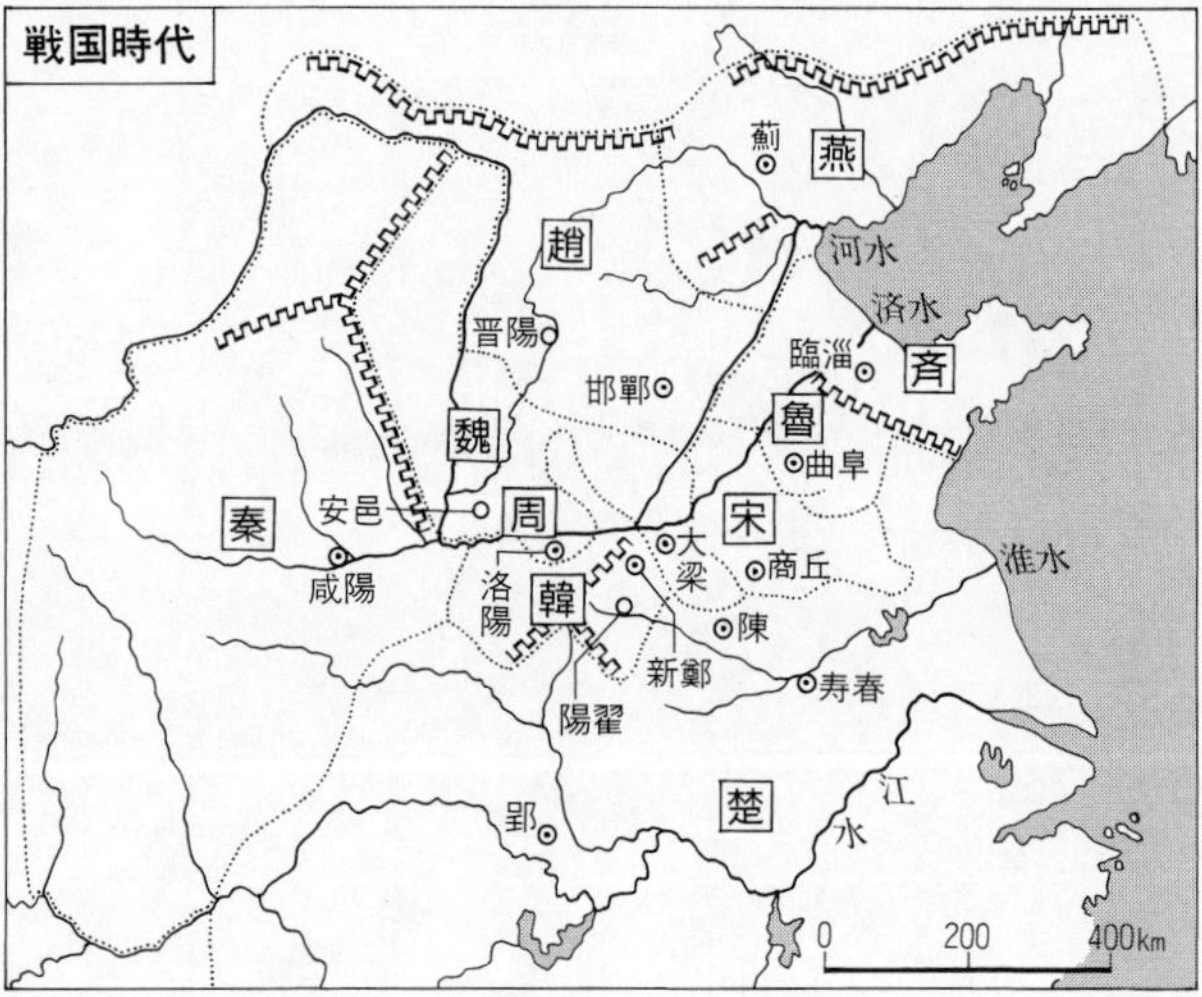
戦国時代
薊
燕
趙
河水
済水
晋陽
臨淄
斉
邯鄲
魯
魏
曲阜
安邑
周
宋
秦
大
梁
咸陽
商丘
洛
陽
韓
陳
新鄭
寿春
陽翟
淮水
楚
郢
江
水
0
200
400km

第一章　殷周から春秋戦国へ

I　神の時代の終焉

甲骨と神権政治

中国最古の王朝として夏《か》王朝が存在したのか否か、今日学界での議論となっている事柄であるが、殷《いん》王朝についても十九世紀まではその実在性に関して同じような議論がされていた。それが二十世紀になって、『史記』に記されているとおりの殷という王朝が確かに存在したことが証明されたのだが、そこには当時はじめて発見された甲骨文が多大の貢献をしたのであった。

図2　甲骨　『書道全集』1（平凡社，1965年）

亀の甲羅（正確にはその腹の部分）、牛の肩胛骨《けんこうこつ》の裏面に刻まれた象形文字＝甲骨文字については、いろいろな概説書、中学・高校の教科書で解説されているので、これまでどこかでそのことを知見されたことがあるだろう。要するに、錐状《きりじょう》

図3　甲骨文字　『書道全集』1（平凡社，1965年）

のもので鑽鑿《さんさく》といわれる凹《くぼ》みをつけ、そこに熱を加えてひび割れを生じさせる、いわゆる亀裂を走らせるのである。

甲骨になにゆえそのような処置をおこなうのか、それは占卜《うらない》をするためであり、亀甲、牛骨はそのための道具、走った亀裂は問うた事柄に対する応答にほかならない。ただ、どのような亀裂が、どのような占断なのか、一般凡人には分からない。それを知る能力を有する者は殷の王ただひとりであり、彼のみが森羅万象、自然と人事を支配している天上の絶対神=天帝の意志が那辺《なへん》にあるのかを感知することができ、甲骨の上の亀裂にこそ天の意志が示されるとされていたのである。占卜とは天帝の意志を聞く行為、亀裂は天帝の応答であった。さらに殷の王は天帝から大命を受け、もしくは任命されてかかる神聖な能力を与えられていたのである。

狩猟・戦争・祭祀《さいし》・婚姻・病気・傷害などの人事上のものから、風・雨・日照・日食・月食、それらが招く農作物の収穫、災害の有無などの地上の自然現象、政事《まつりごと》に関わるあらゆる事どもについて、殷の王は日常的に占卜をおこない、それでもって天帝の意志を聞いて政治をおこなっていたのである。見方によれば占卜は天帝に対する祭祀ということにもなろうが、かかる祭政一致の政治、これを概説書や教科書では神権政治と呼んでいる。

ところで、甲骨に刻まれた文章、つまり甲骨文は天帝と殷王との交信を記録したものであるが、具体的な内容は次のようなものである（㈠㈡㈢の番号は解説のため付けたもの）。

㈠癸巳《きし》、卜《ぼく》す。㱿《なん》貞す。旬《じゅん》に囚《うれい》亡きかと。
㈡王、固《うらな》いて曰《いわ》く。乃《すなわ》ち茲《ここ》に亦《また》希《わざわい》有り。若《かくのごと》く称す。
㈢甲午《こうご》、王、往きて冢を逐《お》う。小臣叶《きょう》の車馬、硪《かたむき》、馭王車《ぎょおうしゃ》の子央《しおう》、亦《ま》た墜《お》つ。

＊

㈠丁未《ていび》卜す。□貞す。今二月に及ぶに雨ふるか。
㈡王固して曰く。吉。其れ雨ふらん。

㈠は、占う事柄を問うたもの、これを「問辞《もんじ》」と呼んでいる。㈡は亀裂を解読した王の判断、「占辞《せんじ》」という。㈢は、「験辞《けんじ》」といわれるその後に起こった結果、この「験辞」が刻まれている甲骨の数は、決して多くはないのだが、結果がここに記されているということは、占いのおこなわれた後で、用済みになった亀甲・牛骨に一連の占卜の過程を記録したということを示すにほかならない。これは、験辞をもたない甲骨についても同様のことがいえるのであって、亀裂を避けて文字が刻まれていたり、日にちを異にし、内容も異なる卜問《ぼくもん》がひとつの甲骨の上に確認されることが件《くだん》の事柄を証明する。ならばいったい事後の記録でしかないこのような文言をなぜ刻む必要があったのだろう。

天帝と王との交信は天上の絶対神である天帝だけでなく、天帝の末裔《まつえい》に連なる殷の祖先神への問いかけも存在している。ただいずれにしても、甲骨の上に刻まれたかかる記録は、地上に君臨する殷の王が、己が天帝の命を受けて天の意向を感知する能力を備えており、それに従って政事をとりおこなう資格があり、事実そのようにおこなっていることを示すため、換言すれば殷の王の権威を誇示する目的で刻まれたものだったと考えられるのである。

祭政一致の神権政治の主宰者でもあった殷王は、上帝または帝という天の神を至上神とし、自然神や祖先を祀《まつ》り、王の同族や有力な氏族の集団を率いて氏族制の上に立ち、神意を占って決定した。時代は紀元前の一四〇〇年から一〇七〇年の頃、中国の最初の国家はそういった「神権政治」がおこなわれていた社会だった。

殷周革命

殷王、および殷王朝はしかしながら、いつまでも続いたわけではない。殷の王に対する天帝の信頼は、残念ながら恒常的なものではなかったのである。

西方、現在の陝西省《せんせい》岐山《きざん》の麓《ふもと》、周原《しゅうげん》あたりには、周という都市国家が存在しており、はじめは殷に仕える属国であった。殷の紂王《ちゅうおう》、彼は酒池肉林、炮烙《ほうらく》の刑で暴君の代表とされるが、その紂王の治世に周の文王《ぶんおう》、武王《ぶおう》が反旗を翻《ひるがえ》し殷を滅ぼし、今日の西安《せいあん》の西、鎬京《こうけい》に都を置いて新たに中原《ちゅうげん》を支配する周王朝（西周）をうち立てたのである。西暦にして前一〇七〇年頃とされている。

天帝と天命という点からいえば、天帝は殷を見限って、新たに周の王を己の代弁者に任命したということになる。天の命が革《あらた》まった、いわゆる王朝交替をいう「革命」にほかならない。

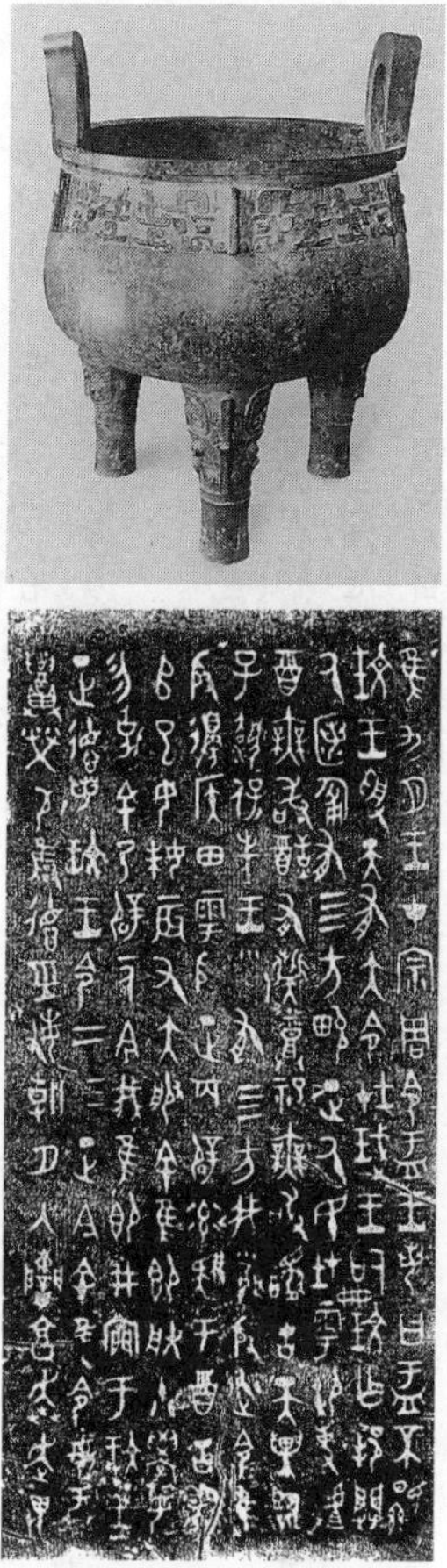

図4　大盂鼎　青銅器（上）とその拓本.『中国青銅器百選』（日本経済新聞社，1984年）

唯《こ》れ九月、王は宗周《そうしゅう》に在りて、盂《う》に命じ、王は若《かくのごと》く曰く。丕顕《ひけん》なる王は、天の有せし大命を受け、武王に在りては、文王嗣いで邦を作《はじめ》、厥《そ》の慝《とく》を闢《ひら》き、四方を匍有《ほゆう》し、厥の民を畯正《しゅんせい》す。

右は、周武王から数えて第三代の康王《こうおう》(前一〇〇〇年頃)に官職を授けられた(これを策命《さくめい》という)盂なる人物がその恩寵《おんちょう》に応えて作った祭器に鋳込まれた銘文のはじめである。冒頭、文王・武王が天の大命を受けたこと、明記されているのを確認されたい。

「天子」なる語は王朝国家の君主を意味する呼称だが、これは文字どおり天帝の長子、つまり地上での天帝の代弁者を示す。ただ、この「天子」という語は、西周の青銅器の銘文にはしばしば登場するものの、卜辞のうえでは確認されてはいない。卜辞には、天帝を意味して「帝」という表現は出てきても、はっきりと「天帝」と二字でもっては表現されてはいないのである。すなわち「天帝」→「天子」という称号が明確になるのは周に入ってからであり、周が革命の正当性、帝からの受命をいっそう明確にするために「天帝」「天子」「天命」を用語のうえでも確立したそれは仕儀なのであろうか。

とまれ、天の概念は周になってよりはっきりとしたことは確かである。そしてやがて周の政治を理想とする儒学の君主観念の表現として定着することになる。『尚書《しょうしょ》』の中の一篇、儒家の世界観を述べる「洪範《こうはん》」に、「天子は民の父母と作《な》り、以《もっ》て天下の王となる」、また、後の漢の時代の儒家思想の解説書『白虎通《びゃっこつう》』爵《しゃく》には、「天子とは、爵称なり。王者、天を父とし、地を母とす。天の子たるなり」とそれぞれ記すが、ここでいう、「天の子」「民の父母」という句、後に重要なキーワードとなるゆえ、少しく頭の片隅に置いておこう。

かく、殷に次ぐ周王朝も天帝のもと、政治と祭祀は、不可分なものであった。ただし、周では殷にはみられなかった新たな統治制度である封建制、宗族《そうぞく》制が採用される。

姫《き》を姓とする周王朝の支配者は、主として一族や同姓の者を、また例外的には功臣を諸侯として、土地を与え、独立した国を形成させた。これが封建諸侯だが、彼らは王に対して労役の提供と貢物と参勤を務めとし、王は天下を巡って諸侯を招集し、征伐・戦争をおこなうときには諸侯を集めたのである。

周の王家と諸侯は、本家と分家の関係ともいえ、本家である周王は大家族制による集団を意味する宗族の主（宗主）であり、宗族は本家でとりおこなわれる祖先の祭りに必ず参加することで宗族の団結と本家への忠誠を示さねばならない。またそこには宗族を秩序づける規則、本家の祭祀をいかに継続させるかの法である宗法が定められていたのである。

この大家族制といえば、被支配者である人民の側も、一族、大家族での生活を営んでいた。彼らは、村落に居住し農耕に従事していたわけだが、技術的に未発達の農耕のもとでは、農業労働は、大家族制、血縁関係で結ばれた族集団をもってはじめて可能である。氏族共同体のもと、そこではやはり族長を父とした秩序と一族の祭祀がおこなわれて、それが共同体の結束と秩序を保証していたのである。

天帝と天子、天子と諸侯、さらには村落の中での族長と共同体の構成員、殷周時代にあっては、すべてにおいて血縁関係によって結ばれた宗族制を根底に置いていたといってよかろう。後に儒教はこういった血縁関係を自己の教理の中に取り込み、君主と臣下の関係を父子関係の拡大擬制と位置づけることになる。ここで、先の『尚書』洪範「天子は民の父母」、『白虎通』爵「王者、天を父とし、地を母とす」などの言葉をいま一度想起しよう。

変化する社会

血縁関係を主軸として構成された周の封建制も、殷の神権政治と同じく、長くは続かなかった。『史記』が記すところによれば、四代目の昭王《しょうおう》あたりからおかしくなっていき、さらにはその次の穆王《ぼくおう》の時代にはいっそうの衰退が進む。

王室と諸侯の紐帯《ちゅうたい》が血筋である以上、血の結びつきは世代を経るごとに希薄となっていくのは当然のなりゆきといってよい。四代目あたりになると、もはや他人も同然、独立国ともいえる各諸侯国は周王室から離れて各自勝手なことをしだし、本家の言うことなどには耳を傾けなくなる。かくして第七代懿王《いおう》の世になると、王道はすっかり地に落ちてしまった。これも『史記』の記すところである。

十代目の厲王《れいおう》は暴虐無道ゆえに国人たちに追放され、十二代の幽王《ゆうおう》は臣下の申侯《しん》と西方の異民族犬戎《けんじゅう》に攻め殺されてしまう。周は結局、都を渭水《いすい》の支流灃河《ほうが》西岸の鎬京より東の洛邑《らくゆう》（現在の洛陽《らくよう》）に遷《うつ》さざるをえなくなる。時は前七七〇年頃、世に「周の東遷」と称されることの事件をもって、中国史は「春秋戦国時代」に入る。

幽王の死は、まさに彼自身の愚かさが招いたものといってもよい。褒姒《ほうじ》という名の女性に魅せられた幽王は申侯の娘である皇后を廃して褒姒を正妃として、その子を太子としたのである。「禍《わざわい》は、成れり。如何《いかん》ともする無し」とは周の史官伯陽《はくよう》の言葉である。

ところで褒姒といえば、人口に膾炙《かいしゃ》している有名な話がある。

この女性、笑うということをしなかった。彼女の笑顔見たさに幽王は外敵が攻めてきたとの合図の狼煙《のろし》を上げた。押っ取り刀で駆けつけた諸侯、それがウソだとわかって呆気《あっけ》にとられたその顔を見て褒姒ははじめて笑ったのである。それを懲《こ》りずに繰り返す幽王を終《しま》いには誰も信じなくなり、やがて本当に申侯と犬戎が攻めてきたときには誰ひとり助けには来なかった。

『史記』に見えるこの話が実話であるかどうか、定かでない。確かなことは、もはや周天子と諸侯の信頼関係など雲散してしまい、かの天帝の代弁者の天子の器は、それを問うのも愚かな失墜ぶりであろう。

II　動乱の時代へ

春秋戦国時代

諸侯国のひとつ、現在の山東省の曲阜《きょくふ》に都を置いた魯《ろ》は、周武王の弟であった周公旦《しゅうこうたん》が封建された国で、ほかならぬ孔子《こうし》の出身国でもある。『春秋』とはこの魯国の年代記であり、魯の隠公《いんこう》(在位前七二三~前七一二)から哀公《あいこう》(在位前四九四~前四六九)までの十二代、約二百四十年間の記録だけがなにゆえか残ったものだが、いうところの春秋時代という名称は、この『春秋』という書名に因《ちな》む。

春秋時代の後、秦始皇帝の中国統一まで、これまた二百五十年ばかりの時代に興亡した、十二の諸侯国を取り上げ、その時代に生きた遊説《ゆうぜい》の士が提言した策謀の様を集め記録した書に『戦国策《せんごくさく》』というものがある。その書のタイトルに依って春秋時代の後、統一秦までの時代を「戦国時代」と歴史家は名づけている。

五百年余りにわたる分裂抗争の時代は、最初二百数十にのぼった封建諸侯国が次第に淘汰《とうた》されて最終的には秦王政《せい》（始皇帝）による中国統一に至る過程であり、春秋の五覇《ごは》、戦国の七雄《しちゆう》が覇権を求めて対立抗争を繰り返した時代だった。

「春秋に義戦なし」とは『孟子《もうし》』尽心《じんしん》下篇に見える有名な言葉であるが、いうところの「義戦」とは、天子が諸侯の罪を掣肘《せいちゅう》するべく起こした征戦である。しかるに、『春秋』に見える戦争は、諸侯同士が鎬《しのぎ》を削る抗争、さらには下の者が上に反旗を翻す、仁義なき戦いであった。春秋時代だけではない。戦国時代に入ると、滅国兼併《めっこくけんぺい》、権謀術数、下剋上《げこくじょう》はいっそう激しさを増す。そして社会の変化は、周王室と諸侯の血縁関係の希薄さ、それがもたらす君臣秩序、つまり周王室の氏族関係だけにはとどまらなかったのである。

農民社会の変貌

氏族制社会において、被支配者である人民、つまり農民も宗族制のもと、血縁集団の村落共同体をつくっていたこと、先に述べた。かかる社会が春秋戦国期にかけて、急速に、しかも大きく変貌していく。農業における鉄器の出現と使用、そして普及がそれを招来したのである。鉄器はすでに殷周時代から存在していたが、それは武器として利用されていた。春秋時代中期から鉄製農具が普及しだし、戦国時代に入るといっそう拍車がかかる。

石製・木製の農具が鉄器に変わったということ、これは社会の構造と人間の意識を根底か

図5　牛や鉄農具を用いて耕作する様子　陝西省米脂県牛文明墓より出土（1971年）

ら揺るがしてしまったのである。

まず第一に、鉄製農具は農耕、深耕、雑草除去などを容易にさせ、しかも単位面積あたりの労働は鉄器を使うことで少人数をもって可能となる。農業労働の必然がなした氏族制、大家族は、その存在理由を喪失、小家族が析出・分立して彼らは別の地域へと移っていく。

第二には、鉄製農具に伴って牛耕も開始されることで、開墾・水利が進み、耕地面積がそれまでとは比較にならないほど拡大したのである。大家族から分かれた小家族の中にはこういった新しい開墾地に入植していったものもある。

第三には、生産力の増大から、当然、余剰生産物が生じ、それを売買する商工業、さらには貨幣経済が進展していく。商工業の中心地、商工業都市が発生し、農村から離れた人々は、都市へ集中すること、これは今も昔も変わりはなかろう。

そして第四に、生産力の増大と余剰生産物の増加は、いうまでもなく貧富の差をいっそう広げ、これまでの邑制《ゆうせい》国家の諸侯たちは、自己の権力の強大化を目して、積極的に開墾をおこない、流動農民を抱え、商業の盛行をめざす。つまり富国強兵に躍起になるのである。

社会を取り巻く環境の変化が、人間の意識、思考、価値観、さらには人間性にどのような影響を与えるのか、否、人間の本性は環境の変化とは無関係なところに存在するのか、わたしにはその問いに対して正面から答える自信はない。ただいえることは、紀元前八世紀から前三世紀にかけての春秋戦国時代にあって、それまでとは異なった社会が出現し、その時代に生きた人間、上は王侯貴族から下は匹夫《ひっぷ》農民に至るまで、殷周時代にはみられなかった、少なくとも文献史料のうえでは記されてはいなかった思考、感情をもった人々が登場してくるのである。それは、仁義・忠誠・信義・誠実・謙虚、そういった言葉が白々しく響く世界であった。春秋戦国に生きた人間のその生き様を垣間見てみよう。

III　下剋上の世界

斉の桓公

斉《せい》の桓公《かんこう》（在位前六八五～前六四三）といえば、春秋の五覇の筆頭に挙げられる諸侯のひとりである。彼の在位期間は四十三年にわたり、滅亡した他国を再建し、潰滅に瀕《ひん》した国に力を貸した英雄であった。その代表的な例は隣国の魯に対する貢献であろう。

魯の荘公《そうこう》には、慶父《けいほ》、叔牙《しゅくが》、季友《きゆう》の三人の弟がおり、斉桓公の妹哀羌《あいきょう》は荘公の夫人として嫁いでいた。哀羌と荘公の間には男の子ができず、跡継ぎとしては側室の孟女が生んだ子般《しはん》と哀羌の妹叔姜《しゅくきょう》が生んだ開《かい》がおり、ほかに荘公の弟慶父も有力な候補のひとりであった。

「兄君の慶父殿はなかなかの人物でございます」

病に倒れた荘公が、それとなく跡継ぎのことを打診してみたときの弟叔牙の返答である。胸の内は、子般をと考えていた荘公は、思い余って末弟の季友に相談する。

「先に牙は、慶父がよいと言いおったが、はてどうしたものか」

「心配ご無用、わたくしめ命にかけて子般どのを君位にお就け申し上げます」

かくしてなした季友の行動、それはまず慶父の後ろ盾である叔牙を亡き者にすることであった。謀反にかこつけて、因果を含めて毒をもって自殺を促す。

「これをお飲みになれば、兄君のご家族はそのまま栄えゆくこと、わたくしめが保証いたします」

荘公と季友、ふたりの思惑はまんまと進み、間もなく荘公は亡くなり、子般が位を継承する。しかし、子般はものの三カ月もしないうちに馬丁の犖《らく》に暗殺されてしまう。過去に子般が見初めた娘を犖がからかったことに腹を立て、犖を笞《むち》打ったことを恨んでの凶行であった。

子般暗殺の直接の原因はたわいもないことであったのだが、実は慶父が裏で糸を引いていた。しかもあろうことか、慶父は兄嫁にあたる哀羌と情を通じており、哀羌の妹の子である開を君位に就けようとする陰謀がそこには潜んでいたのである。かくして、開が魯の君主におさまる。閔公《びんこう》である。荘公の喪中であるにもかかわらず、慶父と哀羌の関係はますます深まっていき、彼らは擁立したばかりの閔公を亡き者にして慶父自らを魯の君位に就けようと画策するに至る。閔公が即位してわずか二年しかたっていない秋八月、陰謀は実行に移され、閔公は殺害されてしまう。

子般、閔公と次々と不幸に見舞われ、魯の国政は無茶苦茶となってしまった。そして慶父もまた魯の国民の支持を得られなくなり、反発を買ったあげくに国外に亡命せざるをえなくなったのである。

「潰滅に瀕した」といってよいこの魯の危機を救ったのが、斉桓公その人であった。慶父が季友によって殺されたのに間髪を入れず、妹の哀羌を呼び寄せた桓公は、わが妹を誅殺《ちゅうさつ》し、その遺体を魯に送り届け、まずはそれによって魯の国人の怒りを鎮めておき、荘公の末子である申《しん》を立てて、魯の混乱を収拾したのである。時に紀元前六五九年のこととされる。

飛ぶ鳥を落とす勢いの斉の桓公がその気になれば、潰滅に瀕した魯の国の息の根を止めることは、赤子の手をひねるようなもの。にもかかわらずあえてそれはせずに魯国の復旧に尽力した桓公の所業は、魯の年代記である『春秋』では絶讃に値する美徳として記されているのも故なしとしない。

ただ、『春秋』ではこのように徳ある人物として描かれている斉の桓公であるが、それは魯の年代記であるからこその特別の評価かもしれない。別のところではこんな話も伝わっている。

晋《しん》が邢《けい》に侵入した。そこで、斉の桓公は、邢に救援の軍隊を派遣しようとする。

鮑叔《ほうしゅく》「早すぎます。邢が滅亡しないと、晋の軍隊は疲弊せず、わが斉軍が相手に脅威を与えないでしょう。危うき国を支える功績より、亡国を存続させた徳の方が、ずっと効果的です。できるだけ時間をかけて救い、晋の疲弊を待てば、斉に実利が転がり込み、いったん滅んだ邢を復興させたという美名も得られるでしょう」

桓公は、そこで救援をすぐにはおこなわなかった。

斉の桓公の権勢は、魯の僖《き》公《こう》四年、諸侯を楚《そ》の召陵《しょうりょう》に集めた会合を仕切ったのを絶頂と見るべきだろう。

「もはや諸侯の中でこのわしに背く者など誰もいない。武装しての会合が三度、平服での会合が六度、併せて九度にわたって会盟を主催し、天下を秩序づけたのだ。夏殷周の三代の天子が天命を受けたのと何の違いがあろう。わしも泰山と麓の梁父山《りょうほざん》で封禅《ほうぜん》の儀式をおこなうこととしよう」

「封禅」、それは天の命を受ける儀式にほかならない。

得意の絶頂にあった斉桓公、封禅は宰相管仲《かんちゅう》の反対から思いとどまらざるをえなかったのであるが、驕《おご》れる者久しからず、というべきか、前六四五年、名宰相管仲が亡くなると、桓公の隆盛は坂道を転がるかのごとく凋落《ちょうらく》し、その二年後、管仲の後を追うようにして死んでしまった。ただし、死を控えての二年の晩年は、「諸侯を九合《きゅうごう》し、天下を一匡《いっきょう》」した覇者の雄としては、あまりにも哀れでかつ痛ましい。

死を目の前にして病の床にあった管仲に、あるとき桓公は尋ねた。

「そなたの死後、宰相を誰にすればよかろう」

「易牙《えきが》と豎刁《じゅちょう》のふたりだけはやめていただきたい」

「なぜだ？　易牙はわが子の肉を料理して、その珍味をわしに献上してくれたほど忠義者じゃ」

「親としてわが子を愛しいと思わぬ者はおりません。わが子に酷《むご》いことをしてそれで君主に忠義を尽くすことなどありえましょうか」

「豎刁は、自ら去勢してわしの側近になったほどの信頼厚い者」

「自分の身を大切にしない者が、どうして君主を大切にできるのでしょう」

いったんはこの管仲の忠告を聞いた桓公であったが、管仲が亡くなるとふたりを呼び戻し重職に就けるのである。

英雄色を好むというか、桓公は愛妾が多く、三人の夫人、六人の愛妾、合計十余人の子がいた。女性たちとその子供は、桓公の跡継ぎの席を虎視眈々《こしたんたん》と狙っていたのである。そして桓公が死ぬと、否、いまだ存命中、病の床に伏せているときに早、子供たちは血みどろの抗争を繰り広げる。なんと桓公があれほど信を置き、目をかけていた易牙と豎刁が、愛妾のひとりと謀って反乱を起こし、桓公は幽閉に近い状態に置かれてしまったのである。

見舞いに来る者もなく寂しく伏せている桓公のもとに、ひとりの女性がこっそりやって来た。

「何か食べるものはないか」

「わたしにはどうすることもできません」

「水をくれ」

「それもままなりません」

「なぜだ」

「易牙と豎刁たちが乱を起こして、宮門を塞《ふさ》ぎ、囲いを高くして人を入れないのです」

悲嘆と失意のうち、桓公は息を引き取り、子供たちは父親の死を機にいっそう敵意をむき出し、宮中は空っぽ、桓公の遺体はなんと三カ月もそのままほうっておかれ、腐敗した屍《しかばね》からは蛆《うじ》がわき、それは部屋の外にまで這《は》い出したという。

楚の春申君

時は戦国時代の末に移る。政治の実権は、国王の近親もしくは有力大臣へと移っていた。その中でも斉の孟嘗君《もうしょうくん》（田文《でんぶん》）、趙《ちょう》の平原君《へいげんくん》（趙勝《ちょうしょう》）、魏《ぎ》の信陵君《しんりょうくん》（魏無忌《ぎぶき》）、そして楚の春申君《しゅんしんくん》（黄歇《こうけつ》）は、戦国末四君として並び称された英雄たちだった。彼らはいずれも全国から名士・賢者を集め数千の食客を抱え、政治的かつ文化的な保護者として、光彩を放っていたのである。ここでは、破竹の勢いをもつ秦を向こうに回し、三千にものぼる食客を擁し、強国楚の存在を誇示した春申君（?〜前二三八）を紹介したい。彼のもとには、かの有名な荀子《じゅんし》も食客のひとりとして仕えていたのである。

春申君は紀元前二六二年、楚の考烈王《こうれつおう》即位の年に宰相に任ぜられ、二十数年にわたって楚の政治を補佐してきた。秦の全国統一はまさに目の前に迫っており、領土を拡大していく秦に対して互いに同盟を結んで抵抗していた中原の諸国のまとめ役を担っていた。

春申君の所業の中でもとりわけ英雄視されるのは、彼とともに秦の人質となっていた太子（後の考烈王）を捨て身で秦から脱出させた行為であり、彼がいなければ楚は、秦にとっての最後の強国としての名誉ある地位を得ることはできなかったであろうし、彼がいなければ、秦はもっと早い段階で、もっと容易に統一事業を完成していたかもしれぬ。

わたしは、楚の地に行き、春申君のかつての古城を目《ま》の当たりにした。宮殿の豪華さは見事なものであった。かつて彼が秦の昭王を説得し、決死の覚悟で太子を楚に帰国させた、その叡智《えいち》はなんとすばらしいものか。

『史記』春申君列伝の司馬遷の評論である。

かく、輝かしき雄姿を見せる楚の春申君、しかしながら、彼の場合もまた斉桓公と同じく、周辺にうごめく人物は奸智《かんち》と狡猾《こうかつ》に長《た》けた、自己の利益と保身のためには、手段を選ばない男と女たちであり、春申君の女性に対する無警戒はその英雄ぶりに反して愚かとしかいいようがない。

春申君には、余《よ》という名の愛妾がいた。余はなんとか自分が本妻の座を得んとして、本妻追い落としを図るのである。あるとき、わざとわが身を傷つけ、あたかも本妻から暴力を受けたかのごとくに泣きながら春申君に見せて、こう訴えた。

「殿様の妾となって、わたくしはまことに幸せでございますが、奥方様に気に入られようといたしますと、殿様にお仕えすることができず、さりとて殿様に気に入られんといたしますれば、奥方様にお仕えすることにはなりません。不肖、わたくしは力が足らず、ふたりの主人のどちらにも気に入られるということはできないのです。いきおい、そうであれば奥方様に殺されるよりは、殿様の御前で死を賜りたく存じます。ただ、死を賜りました後、もし他の側室の方々にお情けをおかけになりますときには、どうかこのことをお考えあそばされ、人の笑いとなることだけは、なにとぞお気をつけくださいませ」

余の見せかけのけなげさにほろりとした春申君、まんまと騙《だま》され、正妻を捨ててしまったのである。

余の奸智はこれにとどまらなかった。やがて正妻の子である甲《こう》を亡き者にし、わが子を跡継ぎにと思いを巡らす。彼女は、あるときわざと下着の裏を裂いて、泣きながら春申君に示したのである。

「わたくしめ、長きにわたって殿の寵愛を賜っておりますが、甲様はそのことをご存じなく、今日、あろうことかこのわたくしに乱暴されようとなさいました。わたくしは、身を挺して抵抗いたしたのです。子としての不孝、このようなことが許されるのでしょうか」

けなげさを装った言葉を鵜呑《うの》みにした春申君は、烈火のごとくに怒って甲を誅殺してしまう。

そして、春申君の最期もこれまた惨めなものであった。

趙に李園《りえん》という人物がおり、彼は春申君に妹を差し出し、やがて彼女は身ごもる。李園とその妹はそこで示し合わせて春申君にこう入れ知恵をしたのである。

「楚王には御子はおられず、もし王が亡くなれば、兄弟が代わって位に就かれるでしょう。そうなれば殿の立場は危うくなります。わたくしの懐妊は、いま誰も気づいてはおりません。殿のご寵愛をお受けしていかほども経てはおらず、ここは殿のお口添えでわたくしめを楚王のもとにおすすめくださいませ。無事に男の子を出産したその暁には、殿の御子が王になられ、楚の国は殿のものとなるでしょう」

魚心あれば水心、甘言にまんまと乗せられた春申君は、身ごもっていた李園の妹を楚王の側室とし、やがて男の子が生まれ太子となった。ここまでは、春申君の思惑とも合っていたのであるが、彼は露ほども知らなかった。己自身が口封じのために李園と妹によって消されるというシナリオを。

楚王が亡くなった。はたせるかな李園は刺客を放ち、春申君を刺殺し、刎《は》ねられた彼の頭は城外に放り投げられ、春申君の一族は皆殺しになったのである。

斉桓公、楚春申君、ともに春秋戦国の英雄であったこのふたり、華々しい活躍と高い評価とは裏腹に、その晩年と最期は悲惨としかいいようがない。自分の臣下、側室はいついかなるときも自分のために献身してくれると信じて疑わなかったことが招いた悲劇であった。

しかしながら、こういった裏切り、猜疑《さいぎ》、妬《ねた》み、それはなにも権力者とその周辺に限られたものではない。一般の臣下の間にもごく普通にみられる、日常茶飯だったのかもしれない。

話である。

その他一般の者

以下の話は、本当のことかどうか分からない、また名も定かではない人たちも含めた短い

魏文侯は、趙国の道を通って、中山国《ちゅうざん》を攻めようとした。趙粛侯《しゅくこう》は、それを認めようとしないが、趙刻《ちょうこく》という臣下が諫《いさ》めていった。

「それは、間違っております。魏が中山国を攻め取ることができなかった暁には、必ずや魏は疲弊するに違いありません。つまり、魏と趙の力関係に変化が生じるわけです。魏は中山を攻め滅ぼしたとしても、趙の頭越しには中山を支配することは不可能です。つまり、軍を起こすのは魏であったとしても、結局は趙のもとに、土地が転がり込んでくること間違いありません。ただ、喜んで道を貸すということになれば、こちらの心の内が見透かされて、魏はやめてしまうかもしれません。ここは、気が進まないのだけれど、しかたなく通行を認めるという態度を示して、許可するのが得策と申せましょう」

＊

その中山国に身分の低い公子がいた。馬はひどく痩《や》せ、車も襤褸《ぼろ》車だった。公子とは

仲の悪い者が王に言った。

「公子はとても貧乏で、馬は痩せ細っております。飼料を少し増やしておやりになってはいかがでしょうか」

王は許可しなかった。それを確認して、彼は夜陰に紛《まぎ》れて飼料小屋に火をつけた。てっきり公子の仕業と思った王は、公子を誅殺した。

＊

斉に夷射《いえき》という臣がいた。斉王の前で痛飲したその帰路、門番がそばに寄ってきた。

「旦那、一杯酒を恵んでくだされ」

「ちっ、向こうへ行け。このわしに酒を恵んでくれだと。受刑者風情が」

当時門の番人には足切りの刑に処せられた刑人がつけられていたのである。

その場を離れた門番は廊下の雨垂れ受けのところに水を撒《ま》いて、あたかも小便をしたかのごとくに細工した。

翌日、それに気がついた王が聞いた。

「こんなところで小便をしたのは、どこのどいつだ」

「気がつきませんでした。ただ、昨日、中大夫《ちゅうたいふ》の夷射殿がなにかそのあたりで立ち止まっておられたような」

怒った王は、夷射を誅殺した。

＊

魏王のふたりの臣は済陽君《せいようくん》と不仲であった。

済陽君はわざと偽って自分を攻撃させた。

王の問いに、

「さして恨みを買うようなことはありません。ただ、以前、あのふたりとはあまり仲がよくはなかったのですが、そんなことで、このような仕打ちを受けることはありません」

察した王は、ふたりを処罰した。

＊

晋の叔向《しゅくきょう》は周の萇弘《ちょうこう》を陥れようとしてある手紙を書く。

その手紙は萇弘から叔向にあてた偽造のものだった。

「晋の殿に申し上げてください。お約束のこと万事整いました。急ぎ軍隊を率いて来られたし」

手紙をわざと周君の庭に残して去った。萇弘は売国奴として殺された。

＊

叔孫《しゅくそん》は魯の大臣であり、豎牛《じゅぎゅう》という側近がいた。彼は主人の威を笠に着て、勝手したい放題をしていた。叔孫には子供がふたりいて、ひとりは壬《じん》、ひとりは丙《へい》といったが、豎牛は嫉妬して彼らを亡き者にしようとする。

あるとき、壬と魯君のもとにご機嫌伺いに参上した。魯君は壬に玉環を与えた。しかしそれを身につけるのは父親の許しを請わねばならないと思い、牛に聞かせようとした。

牛「すでにお許しは頂いております」

もとよりそれは牛の企みであった。まんまと信じてそれを身につけた壬だが、牛は今度は叔孫に向かって言う。

「どうして、お目通りさせないのですか」

「どういうことだ？」

「壬はすでに何度もお会いになっておられ、その証拠に賜った玉の環を身につけておられるではないですか」

叔孫は怒って壬を殺した。次に叔孫は丙のために鐘を鋳造した。丙はそれをすぐ撞《つ》かず、父親の許しを得ようとする。

牛「大丈夫です。お許しはすでに得てありますから」

その言葉を信じた丙は、さっそくに鐘を撞く。

「許しも得ないで勝手なことをしおって」

丙は追放され、出奔して斉に行く。牛は丙のために詫びを入れて叔孫は丙を呼び寄せようとする。牛はそれを無視して、

「丙様をお呼びいたそうとしたのですが、いっこうにお帰りにはなりません」

叔孫は激怒して丙を殺してしまった。

人間とは、なんと悪意に満ち満ちた、ずる賢い、悪知恵の働く存在か。

「わたしは、はっきり見たわけではありませんが、ただ……」「さして恨みを買うようなことはありませんが、ただ……」、相手を陥れるためには事柄の詳細を言わず、不確かな可能性を、自己の言葉の中では否定するそぶりを見せて残しておき、後は生殺与奪の権をもつ第三者の判断に任す。そうしておくと、十中八九、第三者は思惑どおりに相手に対してマイナスとなる、否定的な評価を下してくれる。しかも第三者の心の中では己が下したものであるがゆえ、やがて揺るぎない確信となって定着していくこと間違いない。それは直接に非難、攻撃するよりもはるかに効果的であり、しかも安全である。ここに紹介したすべての話は、そういったことを知りつつ計算したうえでの行動であった。

引用した話は、『史記』をはじめ、『呂氏春秋《りょししゅんじゅう》』『戦国策』『説苑《ぜいえん》』そして『韓非子』といっ

た春秋戦国時代から漢にかけて編纂されたと考えられている書物に見えるものである。

ただし、それらの話が事実であり、実際に起こったものかといえば、そうではない。特に、「その他一般の者」の小話は、時代・登場人物も不確かであり、史実ではなく、言い伝えられた話、寓話《ぐうわ》、作り話に属するといってよかろう。

斉桓公、春申君のふたりについては、年代と話の大筋はおそらく事実に近いかもしれないが、いささかのフィクションが加味されていること、否定できない。たとえば、臨終の桓公のもとに訪ねてくる女性との会話の段、春申君の愛妾余の奸計の件《くだり》などは、歴史書である『史記』には採録されてはいない。

すべてが史実でないことは確かである。しかし、いまそのことが問題ではない。ここで言いたいのは、春秋戦国から漢にかけて、人間の性行が狡猾・欺瞞《ぎまん》・猜疑を多分に有していると思われ、かつ描かれてきたという事実である。

第二章　模索する思想家たち

I　天・天命は存在するのか

諸子百家の登場

千々《ちぢ》に乱れた秩序と失墜した人々の道徳倫理、そういった混乱・動乱の中にあって、平和な時代であったなら、おそらくは生じなかったであろう社会現象が出てくる。自分たちが生きている世界とは、人間とはいかなる存在か、森羅万象を存在たらしめる原理・摂理はあるのかといった、すなわち思想・哲学の発生と発達であった。諸子百家と呼ばれる思想家たちの登場にほかならない。儒家をはじめとする彼らは、真・善・美を追究する哲学者として自己主張しただけでなく、道義的世界、秩序ある平和な社会の実現をめざし、諸国を遊説《ゆうぜい》して回った教育者でありかつ政治家でもあった。

理想の社会の実現、しかしながら時代は彼らの期待を裏切り、最悪の状態へと突き進んでいく。いったい、殷周から続き、信じてきた天・天命・革命、そういった天の意志は那辺《なへん》にあるのか、天が任命した天子はなぜかくも凡庸・愚昧《ぐまい》・劣等なのか。なにゆえに天の命は革《あらた》まるのか、どうして裏切り、欺瞞《ぎまん》が日常茶飯に起こり、それが通用するのか。かかる問いは思想家ならずとも、誰しもが当然抱く疑念であり困惑であったろう。春秋戦国の約五百年間は、天への絶対的な信頼が揺らぎ、やがて失墜し、さらには天の存在自体が否定されていく、そういった変遷の時期でもあった。

しばし、思想家たちの苦悩をたどろう。

天、徳を予に生せり——孔子

儒教の祖である孔子（前五五一～前四七九）については、ここで改めて解説する必要はないだろう。彼の生きた時代は春秋時代の末期にあたる。

（哀公）十有四年、春、西のかた狩して麟《りん》を獲《え》たり。

『春秋』の経文《けいぶん》は、この一条をもって終わる。

それは平和な安定した世でしか現れない伝説の聖獣である麒麟《きりん》が乱世に捕獲されたのを目《ま》の当たりにした孔子が、己の理想とする世界の実現がもはや望みえないものとなったことを悟ったこととして記されている。時に孔子七十一歳、紀元前四八一年、己の死を二年後に控えたとき

図6　孔子　『故宮図像選萃』（国立故宮博物館印行，台湾，1971年）

であった。

その条を解説する『春秋』の注釈書『春秋公羊伝《くようでん》』は孔子の悄然《しょうぜん》ぶりをかく記す。

「天、予《われ》を喪《ほろぼ》せり。天、予を祝《た》てり」。袂《たもと》を反《かえ》し、面を拭《ぬぐ》い、涙で上衣の袍《えり》をうるおして、慟哭《どうこく》した。

「天、予を喪せり」との慟哭は、孔子が天に対して、人間の善意と正義に与《くみ》するはずの天に対しての絶対的な信頼が大きく動揺したことを示して余りある。

いったい、孔子は天にいかなる考えをもっていたのか。「先生は、利益と天命と仁については、罕《まれ》にしか言わなかった」と、『論語』の子罕《しかん》篇にはいうが、「五十にして天命を知る」(『論語』為政《いせい》)という有名な言葉もあるように、天・天命について述べた孔子の言動は『論語』に少なからず認められる。

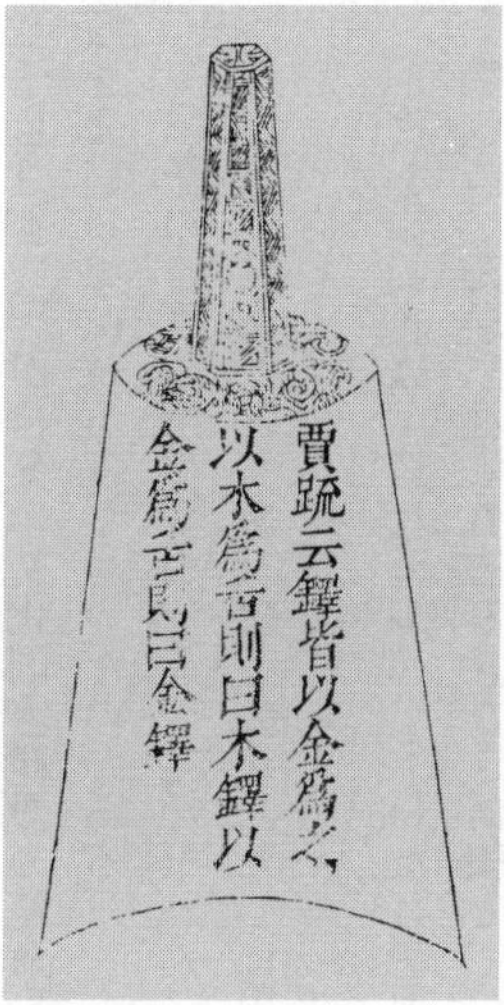

図7　木鐸　『三才図会』

世の中の道徳が乱れて、ずいぶんになる。天は孔子に木鐸《ぼくたく》としての役割を期待しているのだ。(八佾《はちいつ》)

木鐸とは、文化行政を担当する役人が鳴らす鈴のこと、この条は天が孔子に寄せた期待を第三者が解説したものだが、孔子自身も、天が自分に文化国家建設の使命を与えたのだという自負をもち、天に対する信頼を公言してはばからなかったのである。

予の否《しか》ざる所のもの、天、之を厭《いと》わん。——わたしのしようとしていることが、道理にはずれたことであれば、天がわたしに引導を渡すに違いない。(雍也《ようや》)

*

我を知る者は、其《そ》れ天か。——わたしを理解してくれる者は、天であろう。(憲問《けんもん》)

さらに、天意に対する揺るぎなき信頼と、己が文化の担い手として天からお墨付きをもらっているのだという強烈な自負を表現したものとして、有名な次のふたつの事件とそのときの孔子の言動をわれわれは知っている。

事件は、孔子が耳順《じじゅん》の年に起こったと伝えられている。宋《そう》の国(いまの河南省商邱《しょうきゅう》県)を通り過ぎようとしたとき、桓魋《かんたい》という宋の重臣が孔子を殺害しようとしたのであった。運よく難を逃れた孔子が吐いた言葉がある。

子曰く、天、徳を予《われ》に生《な》せり。桓魋、其れ予を如何《いかん》せん。——天はわたしにその使命を果たすべき力を与えてくれているのだ。桓魋ごときに何ができようか。(述而《じゅつじ》)

いまひとつは、匡《きょう》という町でのこと。やはりここでも孔子は生命の危機にさらされた。

子、匡に畏《い》す。曰く。文王既に没す。文、茲《ここ》に在らざらんや。天の将《まさ》に斯《こ》の文を喪《ほろ》ぼさんとするや、後死の者、斯の文に与《あずか》ることを得ざる也。天の未だ斯の文を喪ぼさざるや、匡人《きょうひと》其れ予を如何せん。――文化創始者であった周の文王がもはやこの世にいない以上、文化の継承はこのわたしに託されたとせねばならない。仮に、天が文化を滅亡させんとしているならば、後の時代の人間であるこのわたしは、文化の継承には関われないだろう。だがそうではなく、天が文化の継承を意図しているとするならば、匡の者どもはわたしに手出しができるはずはない。（子罕）

「天の命を知った」孔子の揺るぎなき自信の言葉であると解釈できよう。否、しかしながら一見自信に満ちたこの言葉の裏に、すでに孔子が内心に抱きつつあった天への懐疑がにじみ出ていると見るのは間違っているだろうか。言葉の強さの程度は、内心の不安の増大に比例するだろうから。そして懐疑が信頼を超えたとき、それが七十になった孔子の「天、予を喪せり」という慟哭だったのかもしれない。

「天、予を喪せり」と確かに孔子は最後に言わざるをえなかった。しかしながら、孔子にあって、彼の活動は、少なくとも天への信頼を表面上は依り処にしていたといってよかろう。

天は未だ天下を平治するを欲せず――孟子

孔子の死からおよそ百五十年余を経た紀元前三〇〇年前後、すなわち戦国時代の後半期に

図8　孟子『故宮図像選萃』（国立故宮博物館印行，台湾，1971年）

なって、孔子の後継者たる孟子（前三七二頃～前二八九頃）が登場する。道徳主義、王道政治を主張し続けた孟子の高邁《こうまい》で妥協を許さない理想主義については、孟子研究の第一人者である金谷治氏をはじめ、多くの概説書に説かれてきた。

梁恵王《りょうけいおう》への遊説を皮切りとして、弟子たちを引き連れ諸国を訪問した孟子が、自己の理想を実現してくれる君主として、最も期待をかけたのは、斉《せい》の宣王《せんおう》だった。孟子は、八年近く斉の大臣の職に就き、かの地に滞在するが、結局は期待を裏切られ、悄然、斉を離れることになる。直接の原因は、宣王が武力をもって燕《えん》を併合し、その宗廟《そうびょう》を破壊してしまったことにあったという。時に前三一二年のこととされる。斉を去らんとする孟子の落胆と失意の様を『孟子』公孫丑《こうそんちゅう》下篇は、四条にわたり、「孟子去斉……」という同じ表現をもつ書き出しで描いている。そしてそのひとつの条には、孟子の天に対する次のような言明を認めることができる。

斉宣王に託した期待が破れ、孟子は斉の国を後にする。

「先生はいまひとつ冴えない顔色をしておられる。先生は言っておられたではないですか。君子は天を怨《うら》まない。人を咎《とが》めない、と」

孟子「平和で安定した世も時、乱れたいまの世、これも時。……天はいまだ天下の安定と秩序を欲しないのであろう。もし秩序ある天下を望むのであれば、いまの世でわたしをおいてほかに誰があろう。そう思えば、何の浮かぬことなどあろう」

（『孟子』公孫丑下）

孔子と同様、孟子にあっても失意の中での、否、失意の中ならばこそというべきか、天に対する強い信頼は変わらないし、いささかも変えようとはしない。

しかしながら、孟子は、孔子よりもさらに一歩踏み込み、あるべき理想の世界、道徳社会がなにゆえに実現しないのか、どうして天は努力と期待に応えてくれないのか、その理由を彼自身なりに、説明せんと試みるのである。告子《こくし》下篇、尽心《じんしん》上篇の次の条を挙げよう。

天は大任をその人に下そうとするにあたっては、まずその心を苦しめ、その筋骨を疲弊させ、肉体を飢餓状態に置き、その行動を無意味なものにし、しようと意図することを攪乱《かくらん》させるものだ。それは、志気を鼓舞し、忍耐強い性格をもたせ、できなかったこともできるようにさせようとの仕儀からにほかならない。なべて人間には過ちがあり、それがあってこそ改善することができる。心に苦しみがあり、ああでもないこうでもないと思い悩むことがあってこそ、奮い立つのである。苦悩が表情にあらわれ、呻《うめ》きが声

に出て、はじめて物事がよく分かるのだ。(告子下)

＊

孟子曰く。良心を尽くすものだけが、その善なる本性を理解することができ、その性を理解することができてはじめて、天の意志が那辺にあるかが分かるのだ。善なる心を保ち、それを養生《ようじょう》する、これが天に仕えることにほかならない。人格を形成してこそ、天命の何たるかを知り尊重することができる。(尽心上)

天への懐疑、仮にそういった気持ちが生じたとする。それは自己の修養、学習の未熟さゆえのことであり、天の意志を理解することができるのは、自己の人格を高めることをおいてほかにはない。

天の意志を知るのは、奥深い心性の問題に徹した者、すなわち真実の自己を見きわめた人が、はじめて外から迫る偉大な天命の存在を自覚する。……人間の努力のぎりぎりの果てに、すなわち人間能力の限界点にあって、はじめてこの不可知のものはあらわれる。心性と対する天命は決して心性の働きを阻害するものではなくて、むしろ人生に平安を与えるものとなるであろう。それが孟子の解決であった。

(金谷治『孟子』、岩波新書)

理想社会の実現の困難さは、天が与えた試練であり、実現に向けて乗り越えなければならない道程と捉《とら》えることによって、諦観《ていかん》と絶望を奮励《ふんれい》と希望に置き換えるのである。ただ一歩退いて考えてみると、これは実に巧みな発想ではないか。いつの時代、どこの世界にあっても、正義がつねにまかり通り、善行が報われるということなど保証されない。これが現実である。その後に当然出てくる「天道、是か非か」の問いかけに対して、つまり信頼を置くべき天への疑念を、自己修練の未熟さに転嫁するという思考は、理想世界が実現せずに不条理な状態がたとえ続くとしても、自己修練というものに終わりがないことからして、つねに説得力を維持し、有効な回答であり続けるのだから。

いったい、不遇さを、与えられた試練と見るのは、洋の東西を問わず、宗教者に共通した考え方であること、われわれは十分すぎるほど知っている。宗教が理想社会の実現に向けての求道《ぐどう》とすれば、孟子の立場は求道者もしくは、宗教者に通ずるものであり、求道者が信頼せねばならない人格神が、決して彼らを裏切るということはありえないし、あってはならない以上、かかる弁証法的思考しかなかったであろう。

治乱は天に非ざるなり——荀子

孟子と比べると年齢にして一世代若いのだが、ほぼ同時代に生きた思想家として荀子（前二九八頃～前二三五頃）がいた。同じ儒家に数えられるも、彼の天に対する考え方は孔子や

図9　荀子　『故宮週刊』205期（合訂第10冊，台湾，1993年）

孟子とはまったく異なったものであった。すなわち荀子においては、天に人格神的な性格をいっさい認めない。殷周から綿々と続いてきた思想、つまり天は人事を左右する意志と力を備えており、それが天命となって下されるといった考え方は、荀子によって完全に否定されることになるのである。

「雨乞いをすれば、雨が降る、これはどういうことでしょうか」

荀子「何のことはない、雨乞いをせずとも雨が降るのと変わらない。日食・月食に対して、厄払いをし、日照りに対して雨乞いをおこない、卜筮《ぼくぜい》をして大事を決定する、こういったことはそれによって本当に望みをかなえようとする行為ではなく、政事《まつりごと》の飾り・儀式でしかない。したがって君子はそれを単なる儀式と考えるが、民衆はそれを神懸かり（神）だと考えている。儀式と見ればそれは吉、神秘と考えれば凶（儀式であれば無害、過度の幸いを求めれば失望）」（『荀子』天論）

雨乞いをはじめとした自然現象への問いかけは、甲骨に刻まれた占卜《うらない》の内容のひとつであったこと、前章でも紹介した。荀子はこういった卜筮は単なる自己満足の儀式でしかないと切って捨てるのである。

「星が隕《お》ちたり、木が鳴ったりすれば国中の人は皆恐れおののく。これはどういうことでしょうか」

荀子「そんなことは何でもない。天地・陰陽の変化でしかなく、めったに起こらない現象である。そのことを不思議に思うのはよいが、それを怖がるのはよくない。日食、月食、時節はずれの風雨、不思議な星の出現は、いつの時代でもまったく起こらないことはありえない。君主が聡明で、政治が安定しておれば、そういったことがたとえ一度に発生したとて、大丈夫だ。君主が暗愚で政治が不安定だと、一度も起こらなくても、安心してはおられない」(『荀子』天論)

＊

「世の中が治まったり、乱れたりするのは、天によるものでしょうか」

荀子「日や月、星の運行、これは、聖人禹《う》の時代も、暴君桀《けつ》時代も変わらない。それでいて禹の時代は治まり、桀の時代は乱れたのであり、治と乱は天とは何の関係もないのだ」

「では、時節によるものでしょうか」

「春夏には、芽生え生長し、秋冬には蓄積し収蔵される。これは禹の時代も桀の時代も変わらない。それでいて禹の時代は治まり、桀の時代は乱れた。治と乱は時節とは何の関係もないのだ」

「では、土地によるのでしょうか」

「地を得れば生き、地を失えば死ぬ。これは禹の時代も桀の時代も変わらない。それでいて禹の時代は治まり、桀の時代は乱れた。治と乱は土地とは何の関係もない」(同)

「では治と乱の依って来《きた》るところはいったい何でしょうか」、正面きってのこの問いはここでは残念ながら、なされていない。がしかし、それは一に人事に依ると考えていること、この条の最後に『詩経《しきょう》』周頌《しゅうしょう》天作を引いて結論としていることから疑う余地はないであろう。詩に曰く。「天は岐山《きざん》を作り、古公亶父《ここうたんぽ》がそこに移り住み国造りをし、文王《ぶんおう》が安定させた」と。

国を造り、国を安定させる、それを成したのは、古公亶父、文王という人間であり、天は、彼らに岐山という舞台を提供しただけだ。

天の運行は、恒常性が認められる。善政でそれに応ずれば吉、乱政で応ずれば凶となる。農耕を強化し節約に努めれば、天とて貧困をもたらすことはできず、養生に努め適宜の勤勉さがあれば、天とて病気をもたらすことなどない。

その逆に、本業を打ちやり贅沢《ぜいたく》をすれば、天は富ませることはできず、養生もせず運動も十分でなければ、天とてそのものの健康を保証することはできない。

（『荀子』天論）

＊

天はいくら人間が寒さが嫌いだと言っても、冬をやめようとはしない。地はいくら人間が遠さを嫌だと言っても、距離を短くしようとはしない。天には不変の摂理があるのだ。（同）

一読して明らかであろう。荀子が言う「天」「天の摂理」、それは、人間の営為によってもたらされる世の治乱とは、何の関係もないもの、すなわち自然（nature）の意味で使われていることは。

「天功」「天職」といった語も『荀子』には見える。「天功」とは、自然の営み、「天職」とは、人間の能力ではどうしようもない自然の作用、さらに人為と自然は区別せねばならないことを強調したことから出てきたのが、『荀子』天論に「天人の分に明らかなれば、則ち至人と謂《い》うべし」という「天人の分（自然と人事の非相関性）」であった。

荀子の思想に関しては、内山俊彦氏による優れた解説書『荀子』（講談社学術文庫）があり、これは『荀子』についての数多くの書の中で秀逸のものとわたしは思う。したがってこれ以上の詳細な分析は内山氏のこの書物に譲りたいが、次の点だけは氏の文を引用して言い添えておきたい。

荀子のいう「天人の分」が、宗教的な「天」の観念に対する、最も明確な訣別《けつべつ》であることに、注意しておく。そこに留意するとき、荀子が「天」を、独自の恒常性を持つものとして、人間的・社会的現象から切断したことの意義は、より鮮明になるであろう。

内山氏がはっきりと指摘しているように、「天人の分」とは、自然現象と人事との間には、相関性は認められないとし、人格神的天の存在を否定したものであった。と同時に、孟子のような宗教者、求道者への志向からも一線を画す。これは儒家思想における岐路ともいえ、分かれたその道の向こうに、孟子とはまったく正反対で、荀子の立場をいっそう推し進め、結果として儒家思想とは真っ向から対立する思想が用意されているのであるが、そこに入る前に、諸子百家たちが、天・天命の問題と同じく、否それにもまして熱心に議論したいまひとつの課題を紹介しておかねばならぬ。それは、人間の性、つまり人は生来善なる性をもっているのか、邪悪な性をもっているのかといった人間観に関する議論である。

春秋から戦国にかけて無秩序と不条理が、天と天命への問いかけを招来したと同時に、現実に目の前に展開される人間の行動が、何にもとづくのか、邪悪と不正義はいったい人間に備わっている性癖なのか、天の問題が人間世界に外在する事柄とすれば、この問題は人間に内在する命題だったのである。

II　人の性は善か悪か

性は相い近し

「夫子《ふうし》の性と天道をいうは、得て聞くべからざる也」（『論語』公冶長《こうやちょう》）。天命について寡黙であったといわれている孔子であるが、人間の性についてもあまり言及しなかった、と。天と天命についていては、さておき、『論語』では、確かに性に関する明確な条文は、有名な次のふたつを数えるばかりである。

子曰く、性は、相い近し。習い、相い遠し。――生まれつきの性はあまり個人差はない。ただ、後天的な学習・習慣などによって、大きな差が生じる。（陽貨《ようか》）

＊

子曰く、唯《た》だ上知と下愚とは、移らず。――最上級の人格者と最低の愚者、この両者はどうしようもない。（同）

「人間は努力次第」ということと、「馬鹿につける薬はない」ということ、ふたつは相い矛盾するかのごときであるが、このふたつの条は陽貨篇では並んで位置しており、仮に一連の条文だとすれば、辻褄《つじつま》が合わないわけではない。つまり「学習効果が期待できるのは、普通の中程度のもので、両極端はそうではない」、という意味で。

とまれ、いえることは孔子の時代に人間性、人間の生まれつきの性が善か悪か、そのことが議論の的となっていたのではなかったと考えてもよかろう。この命題が思想家たちの論争の俎上《そじょう》にのぼるのは、なんといっても性善説の孟子からのことであり、「性善」「性悪」といった熟した語が登場するのは、『孟子』をもって嚆矢《こうし》とするのはその証拠といえよう。

孟子——性善説

人には生まれつき善なる性が備わっている。孟子の性善説は有名な次の条文で展開される。

人間には、人に忍びざるの心あり、先王には、人に忍びざるの心があり、そこから、人に忍びざるの政事がある。人に忍びざるの心をもって、人に忍びざるの政事をおこなえば、天下を統治すること、掌《てのひら》の上で転がすがごとくに、実にわけのないものだ。

どうして人に忍びざるの心があるのかといえば、いま仮に幼児が井戸に落ちかけたとしよう。目にする誰しもがハッとして可哀想にという気持ちが起こり、手を差し伸べて助けようとする。それは、その幼児の親に恩を売ろうとするからでもなければ、郷里や友人たちから誉《ほ》められようと思うからでもない。また、悪評がたつのを避けるためそうするのでもない。

このことを考えれば、惻隠《そくいん》の心がない者は、人とはいえず、羞悪《しゅうお》の心のない者は、人とはいえず、辞譲《じじょう》の心のない者は、人とはいえず、是非の心のない者は、人とはいえない。惻隠の心は、仁の端緒、羞悪の心は、義の端緒、辞譲の心は、礼の端緒、是非の心は、智の端緒である。人にはこの四つの端緒が備わっているのであり、ちょうどそれは人に四肢があるのと同じい。

かかる四つの端緒をもっているにもかかわらず、それを育《はぐく》むことができないというような者は、自分で自分を傷つけている者である。四つの端緒が身に備わっている者は、それらを育み立派にするということを自覚さえすれば、四つは、火が燃え、泉が湧き出すのと同じく必ず大きくなっていくのである。天下を安定させることができるのに、そうしないならば、親孝行ひとつできないのだ。（『孟子』公孫丑上）

性善説を唱える孟子の有名な「不忍の心」と「四端《したん》説」である。「不忍の心（人に忍びざるの心）」とは、人の不幸、窮状を黙って見過ごすことのできない同情心であり、そういった同情心を人間ならば誰しもがもっていると孟子は言う。

「不忍の心」を言い換えれば「惻隠の情」であり、相手の立場に立って考える思いやりということ、『論語』衛霊公《えいれいこう》篇でいう「恕《じょ》」（子曰く、其れ恕か。己の欲せざる所を、人に施すことなかれ）と通底し、それはとりもなおさず儒家が主張する根本的な徳目、すなわち仁の核でもある。

孟子は仁の芽生えといってもいい惻隠の情が人間には生まれつき備わっており、それを不忍の心の存在から実証するのであるが、仁ばかりではない。人はこのほか「羞悪の心（義）」「辞譲の心（礼）」「是非の心（智）」の芽＝端緒を同様にもっていると見る。仁・義・礼・智の四つの端緒（四端）、これらが孟子性善説の根幹にほかならない。

『孟子』告子上篇は、性善説に異を唱える告子と、それを論破せんとする孟子の意見の応酬を載せる。そこで孟子はきわめて激しい調子で己に対する反対意見を攻撃し、性善説の正当性を強弁してやまない。

告子「性はちょうど杞柳《こりやなぎ》の木のようなもので、仁とか義とかいうのは、それから制作される曲げ物の杯や杓《しゃく》のようなもの。つまり人の性と仁義との関係は、ちょうどこの杞柳という素材から器を作るようなものだ」

孟子「ならば聞こう。君は杞柳の木の曲がるという本性に従って曲げ物を作るのではないのか。それともその本性を傷つけて曲げ物を作るのか。傷つけて作るとならば、人の本性を傷つけ損ねて仁や義が達成されるということになり、これは理屈に合わないおかしなことではないのか」

＊

告子「人の性とは、渦巻く水のようなものだ。堰《せき》を東に切れば東に流れ、西に切れば西に流れる。性もこれと同じで、善と不善の区別などないのだ。水の性質に初めから東流、西流の区別がないのと同じだ」

孟子「確かに東西の区分はないかもしれない。だがしかし、上に流れるか、下に流れるか、その区別はあるではないか。人の性とは、低きに流れる水の性質のごとき、善に向いているものなのだ。水を跳ね飛ばしたら、顔の上にもかけることはできよう。無理やりに逆流させれば、山の上に運び上げることもできなくはない。しかしそれが水の性といえるのか。無理やりにそうさせただけにすぎない。人の性が悪というのも外から影響を受けた結果、そうなってしまったのだ」

『孟子』告子上篇には、このほか禿《は》げ山となってしまった牛山《ぎゅうざん》はもとは樹木が鬱蒼《うっそう》としていたのを例にして、人間も善性豊かであるにもかかわらずそれを養っていかないなら善は育たないという有名な「牛山の譬《たと》え」をはじめとして、性は善だという彼の主張と論争が随所で展開されている。が、いまはこれ以上紹介することはやめておこう。孟子の強弁をたどることはそれなりに面白いのであるが、論争は相手、すなわち告子の挙げた例を逆手にとって論破し、また言葉尻を捉えて応酬するといったものにすぎない。孟子性善説の要諦《ようてい》は公孫丑上篇の四端説に尽き、なぜ人間の性が善なのかを論証した条は、実はここ以外にはない、といっても過言でない。われわれは、そこでもう一度四端説を分析してみよう。

井戸に落ちそうになっている幼児を目にし、思わずなんとかせねばと思って無意識に行動に移す、これが不忍の心、惻隠の情、すなわち仁愛の端緒であり、幼児を助けようとする気持ちは誰しもに大なり小なり潜在していることは確かであるから、誰しもが仁愛の芽をもっている。ここまでは、筋はいちおう通っている。しかし、善はなにも仁愛だけで構成されているわけではなく、正義・謙譲・叡智《えいち》、それらも善の構成要素であり、孟子自身もそれは分かっていた。分かっていたからこそ、義端（羞恥心）・礼端（謙譲心）・智端（分別心）という残りの三端に言及しているのである。

しかしながら、ではなぜ義・礼・智の芽が人間に生まれながらに備わっているといえるのか。四端説を説く公孫丑上篇の孟子の言辞は、仁端の証明でもって、他の三端の存在に論理が飛躍していく。飛躍でなければ論理がすり替えられているのである。井戸の譬えからは義・礼・智を導き出せないこと、誰が見ても明らかであろう。また人には四肢があるから四端が備わるといっても、そこには何の説得力もない。

さらにいうならば、ではなにゆえ人は悪に走るのか。狡猾《こうかつ》・不正義・欺瞞、かかる邪悪に満ち満ちた輩《やから》ばかりが目についたのが、まさに孟子の生きた時代ではなかったのか。いったい邪悪はどこから生まれるのか、生まれないにしても人間の心に悪を受け入れる余地、もしくは悪に惹《ひ》かれる何かが存在するからではないのか。それは山の木々を育成しなかったから禿げ山になってしまうという比喩では説明できない。このことを孟先生はいかに考えていたのか。

己の性善説には飛躍と論理的欠陥があること、孟子は十分に分かっていたとわたしは思う。

公都子《こうとし》「告子は、『性には善もなく不善もない』と言い、ある者は、『性は善ともなり、不善ともなる。だから周の文王や武王《ぶおう》の世には、民衆は善に向かい、幽王《ゆうおう》や厲王《れいおう》といった暴君の世には、民衆は粗暴になった』と言い、また別の者は、『生まれつき善が備わっているものもあれば、そうでない不善の輩もいる。その証拠に、聖人君主である堯《ぎょう》の世に、舜《しゅん》の異母弟で舜を殺そうとした悪人の象《しょう》が出てきたり、わが子を殺そうとした瞽《こ》瞍《そう》が舜の父親であった。殷の暴君紂《ちゅう》の兄弟で、かつ紂に仕えた賢人の微子《びし》啓《けい》、紂のおじ王子《おうし》比干《ひかん》が出てきているではないか』と言っています。先生はそれでも『性は善だ』とおっしゃる。では、告子をはじめ、ここに挙げた人たちの意見はすべて間違っているのでしょうか」（『孟子』告子上）

公都子とは、孟子の弟子のひとりであるが、わが弟子の正面きっての問いに対して孟子の反応はまことに頼りない。

孟子曰く。乃《すなわ》ち其の情の若《ごと》きは、則《すなわ》ち以て善を為《な》すべきなり。乃ちいわゆる善なり。夫《か》の不善を為すが若きは、才《さい》の罪《ゆえ》に非《あら》ざるなり。

孟子のこの言葉は従来からさまざまな解釈がなされ、よく分からないとされてきた。

「孟子曰く。もしその情はもって善をなすべきなり……」という文章は、注釈家に定説がない。本文に誤脱があるのか。または孟子が答弁に窮して意味をなさない言葉を吐いたとみるべきであろう。（貝塚茂樹『諸子百家』、岩波新書）

わたしは、「本文に誤脱がある」のでもなく、「意味をなさない言葉」とも思わない。それなりに言わんとすることも十分すぎるほど分かる。ただ、あれほど理詰めで、かつ畳みかけて攻撃的な孟子の主張が、ここではあまりに説得力に欠け、自信のない単なる呟《つぶや》きに終わっていることが、読み手をして混乱させているにすぎないのだ。

問題は、原文の「孟子曰、乃若其情則可以為善矣、乃所謂善也」の解釈である。ここは、「乃ち其の情の若きは、則ち以て善を為すべきなり」と訓読しておいたが、「乃若」の二字は、劉淇《りゅうき》『助字弁略』をはじめいくつかの用語解説書が解くように発語の辞（interjection）に属する。中国古典文にみられるこの発語の辞というものは、決まった一定の意味はなく、文章の続きのうえで微妙なニュアンスをそこに込めることができる。

「乃若」といえば、『孟子』には、もう一箇所その熟語が見える。

君子有終身之憂、無一朝之患也、乃若所憂則有之、舜人也、我亦人也、舜為法於天下、可伝於後世、我由未免為郷人也、是則可憂也。――君子、終身の憂い有るも、一朝の患《なや》み無し。乃ち憂える所の若きは、則ち之れ有り。舜も人、我も亦た人なり。舜は法を天下になし、後世に伝うべきも、我は由《な》お未だ郷人《きょうじん》たるを免れず。是れ則ち憂うべきなり。

（離婁《りろう》下）

共通して見える「乃ち……の若きは、則ち……」、訳せば「まあしかし……といえば」「うーん、まあそれはそうだけど」というほどの意味、英語でいうならば、well but にあたる。

「うーん、まあ人間の情というものは、善をなすことができるのではないかな。それがわたしの言う善性だ」

「まあしかし、生涯の憂慮というものは、確かにあるのだよ。それは何かといえば……」

確かに、いつもの孟子の理路整然たる口吻《くちぶり》とは異なり、しどろもどろ、自信なさげであることは否めない。それを示す表現が「乃若」にほかならないが、むしろそこにこそ己の性善説が論理的脆弱性《ぜいじゃくせい》を内包し、経験的に得られた帰納的結論でないことの自覚が吐露されていると言いたい。

さらにあえて憶測すれば、孟子は、「其の情の如きは」といい、「情」という「実情」とも

「性情」ともどちらにもとれるような曖昧《あいまい》な言葉を吐いている。また「才の罪に非ざるなり（本性がそうさせるのではないのだ）」と「才（素材）の罪《ゆえ》」というこれまた後世の註釈家を悩ます語が使われている。それはここで「性」を曖昧に置き換えることで明確化を避けたのではないだろうか。そしてこの「才の罪に非ざるなり」のすぐ後に、孟子は言葉を継いで反転、強弁に出る。

惻隠の心は、人みな之れ有り。羞悪の心は、人みな之れ有り。恭敬《きょうけい》の心は、人みな之れ有り。是非の心は、人みな之れ有り。惻隠の心は、仁なり。羞悪の心は、義なり。恭敬の心は、礼なり。是非の心は智なり。仁・義・礼・智は外より我れを鑠《かざ》るものにあらず。我れ固《もと》より之を有すなり。思わざるのみ。

しかしこれは、すでに挙げた公孫丑上篇の四端説をいう条の単純な鸚鵡《おうむ》返しであり、己の性善説の論理的欠陥を、強弁と反復の内に隠蔽《いんぺい》しようとしたものにすぎない。

荀子——性悪説

性善説を主張した孟子に対して、人間の本性が悪だといったのが、荀子であることはよく知られている。荀子の性に関する意見は『荀子』の中、そのものずばりの名を冠した「性悪篇」において集中的に論じられている。

人の生まれつきの性は、悪である。善というのは、後天的、人為的なものである。いったい、人間の本性は、生まれつき利を好むもので、その本性のままに行動するから、争奪が生じ、謙譲がなくなるのである。生まれつき、妬《ねた》み憎しみの気持ちがある、その本性に順《したが》うがゆえに、他人を傷つけ忠義、信頼がなくなるのである。生まれつき、美しいものを聞いたり見たりしたいといった欲望がある、その欲望にまかせるがゆえ、淫乱《いんらん》が生まれ、礼義や道義がなくなるのである。つまり、人間の本性のままにまかせ、その感情に順って行動すると、必ず争奪が起こり、あるべき分を犯し道理が乱れ、無茶苦茶なことになってしまう。したがって師による教化、礼義に沿った指導があってはじめて、譲り合いの精神が生まれ、道義にかない、世の中が治まるのだ。以上のことからして、人間の本性は悪であること明白である。善は人為的な所産にほかならない。

＊

人の生まれつきの性は悪であり、教育規範をもってはじめて正義に順い、礼義を身につけてはじめて世の中が平和となる。もし、教育規範がなければ、偏《かたよ》った考えをもち正義に順わず、礼義がなければ、したい放題の無茶苦茶をおこなって治まらない。むかし聖人は、人間はその本性が悪であることから、偏った考えをもち正義に順わず、したい放題の無茶苦茶をおこなって秩序が保てないことになるので、礼義を作り、法律を制定し、人間の情と性を正しい方向に修正し、人の情と性をうまくリードして善き方向に導いたのである。

『荀子』性悪篇の最初に見える有名な「性」と「偽」についての解説とそこから導き出される荀子性悪説の根幹的主張である。

これまで多くの研究者が解説してきたことではあるが、荀子のいう「性」とは、自然のままの本性、素材、先述の天が外界の自然現象(nature)であるのに対して、人間の内的自然(human nature)を「性」と定義づけたのである(内山俊彦『荀子』)。「性」に対立するのが、「偽」であるが、〝にせもの〟〝いつわり〟といったそれは意味ではなく、「為」に通じた、自然の性を矯正し、人為的、後天的な理性、これを偽と言っている。「其の善なるものは偽なり」、善とは荀子にあってはアポステリオリ(後天的)なものにほかならない。

*

綺麗なものを見たい、心地よい音色を聞きたい、美味《おい》しいものを食べたい、利益を得たい、肉体の安楽を欲す、このようなことは、すべて人間の情性から出てくる。

いったい、人間の性は、腹が減ると腹一杯食べたく思い、疲れたら休みたいと思う。これが自然の状態(情)である。一方、腹が減っていても、年長者の前では先に手をつけないことがある、それは譲らねばならない相手が存在するから。疲れていても休息をとらないことがある、それは、自分が代わってしてやらねばならない者がいるから。子が父に、弟が兄に譲り、子が父に、弟が兄に代わる、このふたつの行為はどちらも人間の性に悖《もと》り、人間の生まれつきの情に悖るもの、しかし、それが孝子の道、礼義の条理なのである。ということは、情と性のままに行動すれば、辞退したり譲ったりすることなどありえず、辞退するということは、情と性に悖ることにほかならない。つまり、人間の性が悪だということは、動かしがたいことであり、それが善であるということは、後天的、人為的なものとせねばならない。

＊

人が、善を為そうとするのは、性が悪であるからだ。薄きものは厚さを、醜悪は美を、狭きものは広さを、身分の賤《いや》しいものは高貴を、それぞれ願う。いやしくも自分自身の中にないものは、必ずやそれを他者に求める。だから、金持ちは財産を欲しがらず、高貴なものは、権勢を欲しがらない。もしそれが自身に備わっておれば、必然的に他者にそれを求めないものである。かかる点から見ても、人の善を為そうとすること、それ自体、性が悪だからだ。

ここに性と並んで「情」という語が見えるが、荀子の言う「情」とは、感情・欲望といった自然のままの性という抽象の実質・具象を意味するのであろう。善というものはかかる性と情を抑制し否定した所産であり、悪とは善の反対概念であることから、性＝悪だということに帰結する。

そして荀子は、孟子性善説を名指しで公然と否定するのである。

孟子は人の性は善だと言うが、わたしに言わせれば、それは間違っている。古今、いずれの世界でもいわゆる善というのは、道理にかない秩序だっている状態、悪というのは、偏頗《へんぱ》で筋の通らない乱脈をいう。これが善と悪の区別である。いま、人間の性が初めから道理にかない秩序だったものとすれば、なにゆえに聖王が必要となり、礼義が必要となるのか。聖王・礼義が存在したとしても、すでに存在しているはずの道理と安定に何を付け加えるというのか。そうではないのだ。人間の本性は悪である。だからこそ、その昔聖人は、人は性悪ゆえに、偏頗であり不正を起こし、乱脈であり無秩序となると危惧《きぐ》し、それに対応するために君主の威勢をうち立てて政治をおこなわせ、礼義を明らかにして教化をおこない、法律を作って統治し、刑罰を重くして犯罪を防ぎ、世界中に安寧秩序をもたらし、善と合致させたのである。

＊

孟子は、人に学習意欲があるのは、その性が善であるからだというが、これは間違っている。彼は人間の性と偽の区別が分かっていないのである。いったい、性とは、生まれつき備わっている自然のもので、学習したり、経験・努力したりして得られるものではない。一方、礼義というのは、聖人が作り出したもの、人が学習して身につけるものである。学び、努力せずして、人に先天的に備わっているものが、「性」であって、学習して、また努力して得られるものが、「偽」である。それが「性」と「偽」の区別にほかならない。

以上、紹介した荀子の性悪説、読者は「なるほど、いわれてみればそうかもしれない」と納得され、孟子の性善説に比べて、はるかに説得力をもっているとの印象を抱かれるかもしれぬ。

孟子に勝るとも劣らない、否、孟子ほど理想主義に立脚しないということから、孟子を凌《しの》ぐ論理的思考、論述の整合性を具《そな》えるとの定評をもつ荀子の雄弁がここで遺憾なく発揮されていることは認めねばならぬ。ただ、性悪説は性善説の反論であり、後で出された説がそれなりの理論武装を整えていることも当たり前といえば、当たり前、また、対話形式をもつ『孟子』告子上篇とは違い、『荀子』性悪篇は荀子が己の説を一方的に捲《まく》し立てる体裁をとっているのも、孟子にはいささか分が悪く、気の毒かもしれない。

一見、説得力のあるかのごとき荀子性悪説、しかしながらそこにはやはり疑問がある。

孟子の性善説の論理的欠陥として、邪悪はいったいどこから生まれるのか、人が悪行に走るのは、その人の心の中に無意識に悪に惹かれる何かがあり、悪を受け入れる余地があるからではないのか、と先に言った。そのまったく逆のことが荀子性悪説の論理構成の不十分さを衝《つ》くものとなろう。人の本性が悪ならば、彼の言う内的自然に善を受け入れる素地がなく、すべて人為的だと言うならば、いったいどうして善を導入しそれを人格として培養できるのであろうか。善の教化、善への矯正、いずれにしても、それを受け入れる素地を想定せねばならないのではないか。

別の視点からこういった疑問も起こる。いったい荀子の言う「悪」とは何か、荀子は何を「悪」と定義しているのか。

『荀子』性悪篇で彼はこう言っていた。「善というのは、道理にかない秩序だっている状態、悪というのは、偏頗で筋の通らない乱脈をいう。これが善と悪の区別である」

礼義、謙譲にもとづく道義の世界に至らない野放図な自然の状態、人間のもって生まれた性はそういった状態にあり、それが悪だと荀子はいうが、しかしながらはたしてこれが悪なのか。理性の抑制がない本能に従った状態もしくは行動、これは邪悪、罪悪といえるのか。荀子は自然の性は、矯正して良い方向に導かねば、不正義、淫乱、欺瞞、残忍をおこなう蓋《がい》然性《ぜんせい》があると見ている。それは正確にいえば、性不善説であって、自然の性は悪だというのと少し懸隔《けんかく》があり、性＝悪とはストレートにはならないだろう。

悪と善のみならず、「性」そのものの定義においても、孟子と荀子は同一の定義に従っているわけではない。孟子は人間の内心にある道徳への傾斜、志向、その存在を認めて性と呼んだ。一方の荀子は人間の生まれながらの生地、素材を性と呼んだのであり、性の定義からしてふたりの主張は同じ土俵に乗っていないのである。

実は、孟子も荀子もともにその性論は、人間の性が善であるのか悪であるのかを証明することが彼らの本当の目的ではなかったのである。

内なる善を引き出すのか、外から人為的に善を導入するのか、いずれにしろふたりに共通するのはともに善を成就することが第一義のことであり、いうまでもなくそれは、平和で秩序ある世の中を創るため、構成員たる人間が善なる人格をもたねばならないからなのだが、それを達成するには、どうすればよいのか。とりもなおさず人間を教化、教育していくことをおいてほかにない。

善に向けての教化、ここで考えはふたつに分かれる。教化は内在する善の芽を育成するものか、外在する善を修得させるものか。この教化の意味づけにおいてはじめて人間の生まれながらの性をどう見るのかという問題意識が出てきたのである。

社会の安寧秩序――→善なる人格の形成――→教化
↘性善
↙性悪

すなわち、孟子も荀子も教化の前提としての性説であり、人間の性が善か悪かそれ自体を証明しようとしたのではなかった。だからこそ、正面から性が本当に善なのかと論理の脆弱を衝かれ、また悪の定義に曖昧さを残すという欠点が認められたとわたしは思う。

結局はこういえるかもしれない。孟子性善説、荀子性悪説、やはりその原点は孔子のあの素朴な言葉、「子曰く、性は、相い近し。習い、相い遠し」に端を発するのだと。

その後の思想家たち

演繹《えんえき》的命題だった性論、しかしながら以降の中国古代の思想家たちは師とする孟子・荀子の意図を知ってか知らずか、それを帰納的論題として議論し、そして議論は不毛へと陥っていくことになる。

後漢の思想家王充《おうじゅう》（二七～一〇〇頃）が著した『論衡《ろんこう》』という書には、歴代の性説を紹介し、王充自身の批判を加えた「本性篇」なる一篇がある。性論の展開を見るそれは格好の史料といってよかろう。

世碩《せいせき》（世子）は言う。人の性は、善もあり悪もある。善なる性を取り上げ、それを養っていけば善が成長し、悪を養えば悪が助長される。善と悪は養生次第であるということから、彼は『養性論』を著した。宓子《ふくし》賤《せん》、漆雕開《しっちょうかい》、公孫尼《こうそんじ》子《し》たちも性には善と悪が存在しているという点では世碩と共通している。

＊

孟子は、人の相を見るのに眸子《ひとみ》を見るという。心の中が澄んでおれば眸子も明るく、濁っていれば、暗いのだと。しかしながら、眸子の明暗はもって生まれたもの。幼少のときに明るく、成長してから濁って暗くなるというわけでもなかろう。性とはもともとの自然、善悪には質が伴う。孟子の情と性に関する解説は、真実性に乏しい。

ただそうはいっても、性善説にも取るべき点はある。確かに一歳の赤子には争奪の心はない。成長するに伴って、次第に利と欲が出てきて、心を狂わせ行いを誤らせるそういったことが生じるのだ。

＊

告子は、性には善悪の区別がなく、渦巻く水のようなものと言う。しかしながら、水には水の性質があるように、金や木には固有の性質がある。人の善と悪も当初から設定されている性質があり、どちらかの性質を受け、その兆候がやがて現れ、善悪がはっきりしてくる。善でもなく悪でもなくて、どちらにもなる可能性をもつ者は、中人、つまり一般凡人に限ってのことで、善でも悪でもないからこそ、教化をまって完成させることができるのだ。告子の説は孔子のいう「中人」のことを言っているだけで、極善、極悪の者には当てはまらず、彼の説明は真実性に乏しい。

しかし、彼の説にも取るべきところはある。糸や布を藍《あい》で染めれば青くなり、朱で染めれば赤くなる。水を東西に流すのもこれと同じである。丹朱《たんしゅ》、商均《しょうきん》という悪人は堯、舜の教化を受けたはずなのに、傲慢《ごうまん》、残虐であったのは、極端な悪の性質に、藍や朱による変化が通用しなかったからなのであろう。

＊

荀子は、人の生まれたままの性は、悪であり成長の過程で努力して善の方向に導かれるのだと言う。もし、荀子の言うとおりなら、人は幼少のときから善をもっていないということになるが、后稷《こうしょく》は子供のときに植樹の遊びをしており、孔子は礼作法の遊びをしていた。石はそれが存在していたときから固く、蘭ははじめから良い香りをもっている。生まれながらにして善なる気を受け、成長してそれが完成するのではないのか。荀子の説は、真実性に乏しい。

しかしながら、荀子の言うことにも見るべきところはある。一歳の赤子には謙譲の心はなく、食べ物をみれば泣いてそれを食べようとし、好きなものを目にすれば駄々をこねて欲しがる。成長の過程で、情を我慢し欲を捨てて善をなすというのも、確かに一理はある。

＊

陸賈《りくか》は言う。天地は、礼義の性を賦与して人間を生み出した。己がどうして命を受けたのかということを自覚すれば、自然にとるべき方向に向かい、それが道というものだ、と。陸賈の説は、性善とは自覚を待たずに、おのずと善に向かうもので、性悪とは分かっていても礼と義に反する行動をするという見方である。欲張り者でも公平さを口にし、乱暴狼藉《ろうぜき》を働く者も、治安を言うように、頭の中で善が分かっていることと、生まれながらにして善ということ、いわば知善と性善とは違うのだ。

＊

董仲舒《とうちゅうじょ》は孟子と荀子の書を参考にして、情性の論を唱えた。天の摂理は一陰一陽であり、人の道理も同じく一情一性。性は陽から生まれ、情は陰より生ずる。陰気は鄙《ひ》、陽気は仁、性善とは陽に目を向けたもの、性悪とは陰に目を向けたものであると。

董仲舒の説は、孟子は陽の、荀子は陰の面を見ているということで、両家がそれぞれ視座を異にしていることを指摘しており、確かにそうかもしれない。しかし、情性に悪と善があるとすることは、どうであろうか。人の情性は同じく陰陽から生まれ濃淡があり、玉は石から生まれ純と不純があるのであって、陰陽から生まれてどうして純善であるのか。董仲舒の説も、正鵠《せいこく》を射ていない。

＊

劉向《りゅうきょう》の考えはこうである。性とは生まれつき備わっているもので表面にはあらわれないもの。情とは外界の物に接して、外面に形となって出てくるものである。外面にあらわれるものを陽といい、内面に潜んでいるものを陰という。

劉向は董仲舒とは異なり、情＝陽、性＝陰とし、ただ形作られるか否かで陰と陽を定める。形作られて表面化するのが陽だとすれば、性もまたものと接し、接すればこそ惻隠の情や謙譲の心が外にあらわれるのだ。性の善悪を議論せず、内と外、陰と陽を云々《うんぬん》しているにすぎず、その論理はよく分からない。

＊

総括（王充自説）。

孟子をはじめ劉向に至るまで、多くの考えが出されているが、情と性に関して定説はない。ただ、世子、公孫尼子たちの説は、それなりに正鵠を射ている。実際、人の性には善もあり、悪もある。ちょうどそれは、人の才に高下があるようなもので、性に善悪がないというのは、つまるところ人の才に高下はないというようなものだ。性を受けるのと、命を受けるのとは確かに同じことではあるが、命には貴賤があるように、性には善悪がある。善悪がないということはとりもなおさず貴賤がないということになってしまう。天地の性を受け、五常の気を受けたとき、仁・義・性もそれぞれ方向を異にする。わたしは思う。孟子が人の性が善だというのは、中人以上の人間についてのことで、荀子が人の性が悪だというのは中人以下のものについてのこと、楊雄《ようゆう》が善悪混在しているというのは、中人のことを言っているのだ。常道に返り道に合するというようなことは、教化でなんとかなるかもしれないが、あるべき性の理をそれで尽くしたのかといえば、そうとはいえぬ。

諸説に対する王充の分析、その反論に関していえば、わたしにもその文意、論理展開がよく分からないところ、王充の反論そのものが必ずしも整然としていないのではと疑問に思うところがある。ただ、確実にいえるのは、孟子・荀子の性論を受けた諸家の思想は、善悪、情性、陰陽といった概念の不毛に向かってのねじれ螺旋《スパイラル》であったということであろう。

しかしながら、ここに、性が善か悪かといった不毛の論争に巻き込まれず、また教化の可能性ということも埒《らち》の外に置き、ただ経験的、帰納的に見て人間の現実はこうであり、したがってその上に立って独自の考えと政策を主唱したひとりの思想家がいる。法家思想の旗手韓非である。本書はいよいよここで韓非に登場してもらわねばならない。

第三章　韓非と法家思想

Ⅰ　韓非と『韓非子』

韓の国の公子

韓非という人物は、韓の国の公子であった。刑名・法術の学を好み、その思想の根本は黄老《こうろう》の学に依るものである。韓非は、吃《ども》りであり、弁論は得手ではなかったが、文章を書かせれば秀でたものがあり、李斯《りし》とともに荀子のもとで学んでいた。李斯には、自分は韓非にはとうてい及ばないこと、分かっていた。

韓非は韓の国が弱体であるのを見て、幾度となく韓王に諫言《かんげん》したが、受け入れられなかった。国家を統治するにあたっては、法制を整備して、権威を笠に臣下を制御し、富国強兵をめざして有能な人士を適用せねばならない。にもかかわらず、それとは逆に薄っぺらな、うわべばかりの蝨《しみ》どもを登用して、しかもそういった連中を功労者の上に置いていることに、韓非は憤懣《ふんまん》やるかたなかった。

儒家の連中は、文飾でもって法律を乱し、任侠《にんきょう》は、武勇でもって禁令を破る。平和時には名もあり、誉《ほま》れ高き文化人を寵愛《ちょうあい》し、戦時となると兵士たちを重用するといういま抜擢《ばってき》されてはいないと彼は考えの世、養っている連中は役には立たず、役に立つ者は、抜擢されてはいないと彼は考えた。邪《よこしま》で悪意に満ちた輩《やから》に邪魔されていることに悲嘆して、これまでの過去の成敗を概観し、「孤憤《こふん》」「五蠹《ごと》」「内外儲《ないがいちょ》」「説林《ぜいりん》」「説難《ぜいなん》」などの篇からなる十余万言の著作をものした。韓非は自説を理解してもらうことの難しさを十二分に分かっており、「説難」の篇はまことに言を尽くしたものとなっているにもかかわらず、皮肉にも彼は秦《しん》で殺され、危難を振り払うことができなかったのである。

司馬遷『史記』に見える韓非の列伝であるが、そのあらましは右のごとき至って簡単なものでしかない。ただ、彼がなにゆえ秦で殺されることになったのか、司馬遷はこう補足説明をしている。

ある者が韓非の著作をもってきて、秦王はその「孤憤」「五蠹」の章を読んだ。

「なるほど……わしはこの者に会って、語り合うことができれば、死んでも心残りはない」

「これは、韓非という者が著したのでございます」李斯はそう説明した。

韓非を臣下にしようと目論む秦は、韓を攻撃する。韓王は当初、韓非を任用しなかったが、事態が切羽詰まったために、使者として韓非を秦に派遣せざるをえなくなる。秦王は喜ぶが、まだどこまで彼を信用してよいのか分からない。そういった中で、李斯と姚賈《ようか》は韓非を嫉《そね》み、こう言って貶《おとし》めたのである。

「韓非は、なんといっても韓の公子です。王は諸侯を併合されようとしておられますが、韓非は結局は韓の側について秦にはつかないでしょう。これは人の情として至極当然なこと。ただ、いま彼を国に帰すとなるとわが国にとって禍《わざわ》いの種を残すでしょう。法を無理やり適用して誅殺《ちゅうさつ》してしまうのが一番です」

なるほどと悟った秦王は、韓非を投獄し裁判にかけた。見計らって李斯は使いの者に毒をもたせ、韓非のところに行かせる。弁明せんとした韓非であったが、それもかなわなかった。秦王は後で後悔し、使者を派遣したがもはや後の祭りだった。

『戦国策』秦策には、韓非は他国から秦に亡命し、重臣となった姚賈に対して讒言《ざんげん》をおこなった廉《かど》で誅されたと記すが、実のところは定かでない。

ただ、何らかのかたちで秦王つまり後の秦始皇帝との接触をもっていたことは間違いない。始皇帝の丞相《じょうしょう》であった李斯の列伝には、李斯の上書に韓非の著作を引用している箇所があり、始皇帝の子、胡亥《こがい》（二世皇帝）の言葉の中にも「韓非がかく言っている……」というものが、複数のところで認められる。法治国家秦の法制、政治さらには法思想の面で、韓非が与えた影響は否定できないのである。

韓非子巻第一
初見秦第一　存韓第二
難言第三　愛臣第四
主道第五
初見秦第一
臣聞不知而言不智知而不言不忠為人臣不忠當死言而不
當亦當死雖然臣願悉言所聞唯大王裁其罪臣聞天下陰燕
陽魏（燕北故曰陰　魏南故曰陽）連荊固齊收韓而成從將西面以與秦強為
難臣竊笑之世有三亡而天下得之（知三亡者　得天下）其此之謂乎臣
聞之曰以亂攻治者亡以邪攻正者亡今天下之府庫不盈囷
倉空虛悉其士民張軍數十百萬其頓首戴羽為將軍斷死於前
不至千人皆以言死白刃在前斧鑕在後而卻走不能死也非
其士民不能死也上不能故也言賞則不與言罰則不行賞罰

図10　『韓非子』の冒頭

『韓非子』五十五篇

ところで、韓非の著作とされる『韓非子』という書物——本来は『韓子』という書名だったものが、唐の韓愈《かんゆ》が韓子と称せられるのと区別するため後世では『韓非子』といわれる——のことだが、今日われわれが手にとって見ることができるのは、二十巻五十五篇からなるテキストである。

後漢の班固《はんこ》（三二〜九二）の編著にかかる『漢書《かんじょ》』、その中の一巻として設けられた図書目録、「芸文志《げいもんし》」には、「『韓子』五十五篇　名非、韓の諸公子、秦に使いして、李斯、害してこれを殺す」として五十五篇の『韓非子』が挙がっている。大きな異同や変化がなかったとすれば、後漢時代の紀元一世紀に存在していた『韓非子』と今日のそれとの間には、内容において差がなかったといってよかろう。ただ、その五十五篇すべてが韓非その人の手になるものかといえば、残念ながらそうではない。

今日、学界で支持を得ているのは、「孤憤第十一」「説難第十二」「和氏《かし》第十三」「姦劫弑臣《かんきょうしいしん》第十四」「五蠹第四十九」「顕学《けんがく》第五十」の六篇は韓非自身の著作ではないかという説である。

一	初見秦篇
二	存韓篇
三	難言篇
四	愛臣篇
五	主道篇
六	有度篇
七	二柄篇
八	揚搉篇
九	八姦篇
十	十過篇
十一	孤憤篇
十二	説難篇
十三	和氏篇
十四	姦劫弑臣篇
十五	亡徴篇
十六	三守篇
十七	備内篇
十八	南面篇
十九	飾邪篇
二十	解老篇
二十一	喩老篇
二十二	説林上篇
二十三	説林下篇
二十四	観行篇
二十五	安危篇
二十六	守道篇
二十七	用人篇
二十八	功名篇
二十九	大体篇
三十	内儲説上 七術篇
三十一	内儲説下 六微篇
三十二	外儲説 左上篇
三十三	外儲説 左下篇
三十四	外儲説 右上篇
三十五	外儲説 右下篇
三十六	難一篇
三十七	難二篇
三十八	難三篇
三十九	難四篇
四十	難勢篇
四十一	問弁篇
四十二	問田篇
四十三	定法篇
四十四	説疑篇
四十五	詭使篇
四十六	六反篇
四十七	八説篇
四十八	八経篇
四十九	五蠹篇
五十	顕学篇
五十一	忠孝篇
五十二	人主篇
五十三	飭令篇
五十四	心度篇
五十五	制分篇

表　『韓非子』55篇の構成

それは『史記』をはじめ韓非と同時代と思える書籍に篇名が挙げられたり、その文章の一部が引用されたりしていること、および文体・内容から判断した結果である。その他の数篇も右六篇に加えてよいのではとの説もあるが、いちおうは、

・韓非の学説や言行を後人がまとめたもの
・韓非の後、その学説を引き継いだ韓非学派の著作
・右の韓非学派の言説を後人がまとめたもの
・韓非から後学に及ぶまでの期間にわたり集められた説話と思想
・韓非学派には入らないが、その説に共鳴した人々が韓非に関して記したもの

こういったかたちで形成され、段階的に整理・集成されたのが現行本『韓非子』であり、その成立は前漢時代の前半期であると見るのが妥当であろう。

確かに『韓非子』五十五篇は、韓の公子であった韓非その人が単独で著したものと考えることはできない。ただ、こういったことは、『韓非子』に限ってのことではなく、思想家個人が著したものに後学の者が補った部分が加わり、最終的に「某々子」という書名をもつ完成した書になることは、春秋戦国時代の思想家、いわゆる諸子百家の著作に共通してみられる特徴といってよかろう。かかる状況を導いたものは何か。それは当時の書写材料の様態と関係しているのではないかとわたしは考えている。

紙がいまだ現れてはいない時代には、木簡や竹簡に書写されたことは「はじめに」で述べた。簡は綴《と》じ紐《ひも》で冊書のかたちに編綴《へんてつ》されるのだが、一本一本の簡はちょうどカードのようなものであって、冊書簡は何枚かのカードを綴じたファイルだといえる。内容が書籍であっても、このような編綴冊書のかたちをとっている簡牘《かんとく》書籍と、巻物となっていた紙の巻子本《かんすぼん》、糸で袋綴じとなった線装本、さらには今日の印刷製本と比べてみればどうであろう。簡牘のかたちでファイルさながらに綴じられた書物は、追加・入れ替え・部分的挿入などが容易であり、特に時間的な幅をもって漸次追加されることは簡単におこなわれたであろう。換言すれば、簡牘という書写材料からなる書物は、そこに追加される余地を残す未完成な編纂物だったのである。春秋戦国期の編纂物についていえば、書写材料のかかる特徴を念頭に置いて対応していかねばならない。ひとつ例を挙げよう。

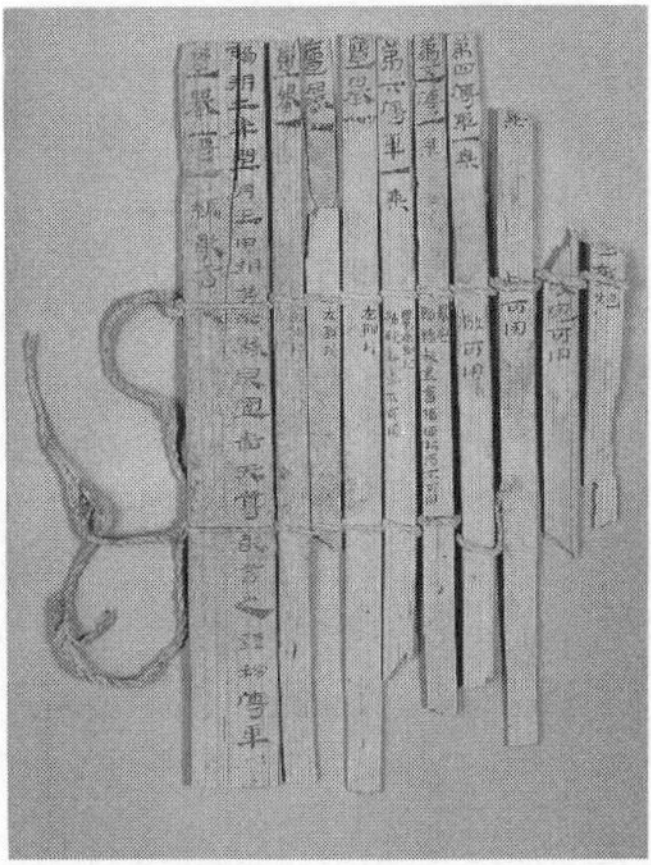

図11　編綴簡　『中国文物精華』（文物出版社，1997年）

一九七二年、山東省臨沂《りんき》県銀雀山《ぎんじゃくさん》から前漢時代の墓が二座発掘された。その一号墓から兵法書『孫子《そんし》』が出土した。「風林火山」の

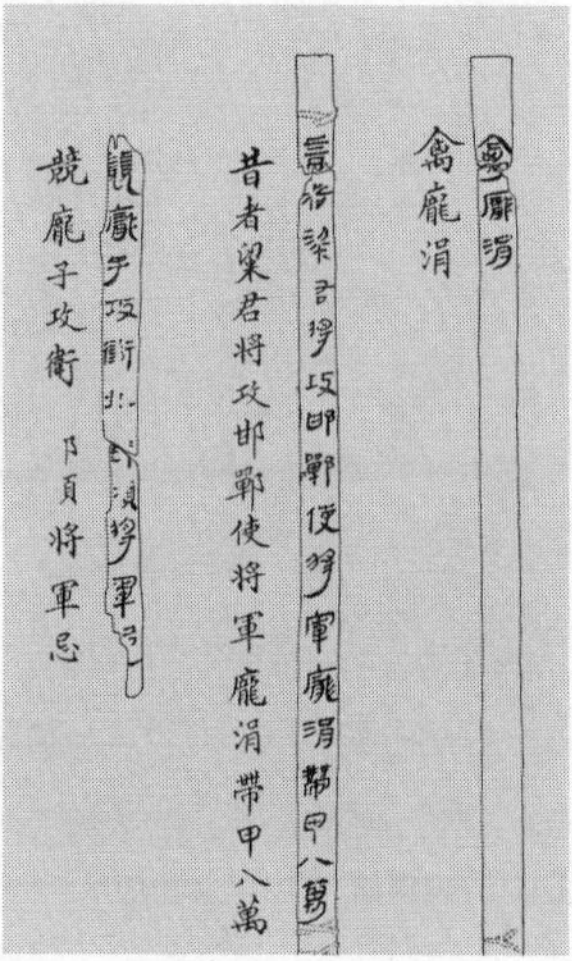

図12　「孫臏兵法」摹本（部分）『銀雀山漢墓竹簡』（文物出版社，1985年）

語で有名なこの書物は、十三篇からなる『孫子』として伝わっているが、『史記』孫子列伝には、春秋時代呉《ご》の闔閭《こうりょ》に仕えた孫武《そんぶ》と、戦国時代斉《せい》の孫《そん》臏《ぴん》、このふたりの伝記が立てられ、それぞれに兵法書を編纂したと見える。事実、『漢書』の芸文志には、「呉孫子兵法　八十二篇　図九巻」と「斉孫子八十九篇　図四巻」の二書が挙がっている。しかるに、今日われわれが目にする『孫子』としては、魏《ぎ》の曹操《そうそう》が注を付けた十三篇の『孫子』一種しか伝わってはいない。そこから、ふたりの孫子は実は同一人物であった、孫武の書とは孫臏の書なのだとか、孫武が著した書を改訂し補ったのが「斉孫子　八十九篇」などなど、さまざまな説がこれまで出されてきたのである。

銀雀山から出土した「孫子兵法」は、五百本以上にものぼる竹簡であったが、それは現行本『孫子』と同じ内容をもつ二百簡余と、現行本には見えない内容をもつ三百五十簡余の竹簡が存在し、しかもそこには斉孫子の宿敵であった龐涓《ほうけん》の名が確《しか》と記されていた。そこから後者は孫臏の兵法書だとされ、幻のいまひとつの『孫子』が世に現れたというセンセーショナルな話題を提供したのであった。

「孫武兵法」「孫臏兵法」、著者が異なる二種の書がそれぞれに編まれ、漢代に伝わった、わたしはそれを正面切って否定しようとは思わない。事実、『漢書』芸文志には篇の数は大きく異なるが、二種の書名が挙がっているのだから。

しかし、紙がいまだ書写材料となってはおらず、竹簡が使われていた時代、書籍は固定したものではなく、編纂物は挿入・追加が容易におこなわれるファイルとしての性格をもっていたということを考慮に入れればどうだろうか。銀雀山出土の「孫子」を二種の独立した兵法書と断定してしまってよいのだろうか。否、十三篇からなる「孫子兵法」は時代を追って追加される余地を残した「開かれた」書であり、出土の「孫子」はそういった性格の編纂物と考えることは十分に可能であろう。五百余本の竹簡の筆写は同じ書き手のものだというこ とをどう考えるのか。少なくとも書写した人間は、これを一種のものとして扱っていたとみなすことを完全に否定することはできない。

春秋戦国期の諸子百家の書は、かかる性格、編纂の経過をもつものであり、そのことをふまえるならば、現行本『韓非子』がすべて韓非その人の手になるものではなく、後学の手が加わったものであるのは、むしろきわめて当然のことといってよい。ただしかし、追加・補足されたということ、後人の手が加わったということは、韓非の思想を中核としてそれに共鳴する学派、思想が雪ダルマさながらにそこに付加されていったことを物語っている。韓の公子韓非の一個人の思想は、同調者、継承者を得て「韓非思想」という影響力をもつものに成長し、そういった流れの上に漢初の『韓非子』五十五篇が生まれたと考えなければならない。

したがって、本書で「韓非」「韓非の思想」と言う場合、韓の公子であった韓非一個人だけでなく、以上のごとき韓非思想の継承者、共鳴者、つまり法家の思想家群という意味で使っていきたい。

II 人は利で動く

愚なることこれより大なるはなし

「卜筮《ぼくぜい》など単なる自己満足の儀式、飾りでしかない」と荀子は言い放った。その荀子の弟子である韓非も、超人的人格神の存在、神の意志をうかがう占いに対しては、荀子にまして冷淡、いや歯牙にもかけない(以下『韓非子』の引用は括弧内に篇名を示す)。

亀の甲羅に鑿孔《さくこう》を施したり、筮竹を使ったりして占って、大吉と出て、趙《ちょう》の国は燕《えん》を攻撃した。同じように大吉という占いを得て、燕の国は趙の国を攻めた。その結果、劇《げき》辛《しん》、鄒衍《すうえん》は功をあげることなく、あえなく敗退した。図に乗った趙は、返す刀で斉を討ち、秦と比肩できるところまでにのし上がった。燕の亀がでたらめで、趙の亀が霊験《れいげん》あらたかなのであろうか。そうではあるまい。だいたい亀や筮竹とか、神霊の宣託とかに頼って、いつも勝てるとは限らない。こんなことを恃《たの》みとするのは、愚の骨頂でしかない。（飾邪《しょくじゃ》）

＊

趙ではかつて亀甲に鑿孔をつけて亀裂を走らせたり、筮竹を操作して燕を攻撃し、返す刀で秦に向かい、大吉の卦《け》を得て戦争に打って出たにもかかわらず、あえなく敗退した。趙の亀は遠方の燕のことまでは分からなかったとしても、より近い秦のことぐらいは予見できなかったのだろうか。一方、秦のほうでも大吉を得て、戦争を始めたわけだが、趙の亀がいい加減で秦の亀が霊験あらたかというわけでもなかろう。亀甲や筮竹は戦果には何の効果もなく、星による占いとて、何の役にも立たないのだ。（同）

＊

越《えつ》王勾践《こうせん》は、国宝の亀を使った占いを恃みとして、呉と戦ってあえなく敗退し、臥《が》薪《しん》

嘗胆《しょうたん》の日々を送ることになる。以後亀などは棄ててしまって、法律を明確にし、人民の支持を得て呉に復讐を遂げたのだ。(同)

また、天命という語は、『韓非子』にはきわめてまれにしか登場しないし、わずかに見えるその例も、自然の営みといったあの荀子に見える天・天命の延長でしかない。

聡明な君主が功績を立て名声を得るのは、一に天の時、二に人の心である。天の時に逆らっては、聖人君主の堯《ぎょう》がたとえ十人いたとしても、冬にひとつとして稔《みの》りを得ることはできない。だから天の時に従えば、無理をせずともうまくいく。(難《なん》二)

＊

費用を節約して、贅沢《ぜいたく》な品を求めなければ収入は多くなる。これは人為である。天事については、風や雨が時宜に従い、寒さ暑さが適宜に訪れ、土地を広げなくとも豊かな恵みがあれば、収入は多くなる。人事と天事、両者によって収入は増やせる。(同)

確かに「天」とか「人」とかと言ってはいるが、その口吻《くちぶり》は、今日われわれが半ば慣用句として「天の時を見て」とか「天の配剤」と口にするほどの冷淡さを覚える。天事、天の時、すべてそれは自然の営みを言っており、そこには意志をもった人格神という天ではなく、しかも付け足り的な「天」の解釈、もはやその思想の重要な位置に天は置かれてはいないといってよかろう。

孔子から荀子にかけてあれほど話題となり、思想家たちがその意志が那辺《なへん》にあるのかに悩み、自分なりの解答を出すことで、無理にも自分を納得させようとした天の存在は、韓非においては議論の対象にもならない、正面から論ずるに足らない命題でしかなかったのである。

人の性

天の存在は、韓非にはどうでもよい問題、語るに足らないものだった。しかしながら、人がもって生まれてきた性、人間の本質、これは彼の思想の根本となる命題であり、韓非の思想の出発点は人の性は何かということから始まるといってよい。ただし、そこで主唱した人性は、孟子や荀子のような性善説・性悪説、さらには王充が紹介した後継の思想家たちが唱えた性説とは、まったく異質というか、そもそも発想の方法を異にした、相容れない土俵の上で形成された人間観だったのである。

『韓非子』の中で、「性」は必ずしも確定したひとつの意味だけをもって登場しているわけではない。それは書物そのものが一個人の著作物ではなく、段階的に編纂されたものだからであろうが、概していえば人間のもって生まれた素材、生まれながらに備わっている本能といった意味で使われているといって間違いない。

ある人が「おまえに知恵と寿命をやろう」と言ったとしたら、彼は頭がどこかおかしいと思われるだろう。知恵は性（生まれつき備わっている素質）であり、寿命は命（運命）だからだ。性も命も、このふたつはどちらも人から学んでどうこうできるものではない。（顕学）

「夫れ智は性なり。寿は命なり。性と命は、人より学ぶところに非ざるなり」。実はこの考え方は荀子の性論が色濃く反映された言葉である。先に紹介した『荀子』性悪篇の条を思い出していただきたい。

孟子は、人に学習意欲があるのは、その性が善であるからだというが、これは間違っている。彼は人間の性と偽の区別が分かっていないのである。いったい、性とは、生まれつき備わっている自然のもので、学習したり、経験・努力したりして得られるものではない。（『荀子』性悪）

韓非も荀子も性を生まれつきの素材と解釈するが、ただ荀子がここで「性とは……」と性を定義づけようと試みるのに対して、韓非は、このような性とは何かといった設問はいっさいしていないこと注意しておく必要があろう。韓非にとって問題となるのは、「性はどのような実態をもっているのか」ということであり、「性とは何ぞや」といった思弁的問題は埒《らち》の外にあった。彼の思想は、性の内容にしか向かない。そこでいう性の実態とは。

計算と利

鰻《うなぎ》は蛇に似ており、蚕《かいこ》は毛虫に似ている。人は蛇をみれば驚愕《きょうがく》し、毛虫をみれば、身の毛がよだつ。しかしながら、女性は蚕を摘《つま》み上げ、漁師は鰻を握る。そこに利益があるならば、毛嫌いすることも忘れ、皆、孟賁《もうほん》・専諸《せんしょ》となる。（説林下・内儲説上）

＊

医者が患者の傷を吸ったり、血を口に含んだりするのは、肉親の情からではない。そこに儲《もう》けがあるからだ。車作りが車を作ると、誰もが金持ちになってほしいと願う。葬儀屋が棺桶を作ると、ひとりでも多くの人が若死にしてくれたらと願う。なにも車作りが仁愛に富んでおり、葬儀屋が悪人なのではない。人が裕福にならねば、車が売れず、人が死ななければ棺桶を買う者がいなくなるからであって、人を憎む心があるのではなく、人の死によって得られる利益がそこにあるからにほかならない。（備内《びない》）

＊

人を雇って農事をしてもらうのに、主人が美味《おい》しい食事を作って雇い人に食べさせたり銭布を調達して支払ったりするのは、雇い人を愛するからではなく、彼に良い仕事をしてもらおうとするからだ。雇われた者も一生懸命に働くのは、主人を愛するからではなく、そうすれば美味しいものが食べられ、金がもらえるとふんでいるからだ。自分のプラスのみを考える、だから人が事業をおこなったり、物を与えたりするとき、互いに得をすると思えば仲よくなり、損をすると思えば、親子の間にも恨みの気持ちが生ずる。

（外儲説左上）

人は己の利益を求めて行動する。利益とは、金銭的、物質的な実利はもちろんのこと、名誉、自己満足も含み、いってみればすべて己にとってプラスになるもの、人はそれを無意識のうちに計算し、それを得ようと行動する、人間のもって生まれた性とは所詮《しょせん》そんなものだと、韓非は明快に言い放つ。右、引用における「孟賁・専諸」とは、春秋戦国時代の勇士、刺客であり彼らの行動の依って立つところは信義、使命、義勇、さらには自己犠牲といわれるが、人間はそのような義や信のために危険を冒し、自己を犠牲にするのではなく、己の利のためだけに行動するのだ。これが韓非の主唱するところなのである。

ただここではっきり指摘しておかねばならないこと、それは利を求める人間の本性を韓非は善であるとも、悪であるとも言ってはいないということである。孟子はもとより、荀子においても、理性の抑制がない、欲望のままの状態、それは否定すべき対象であり、「悪」とみなした。しかしながら韓非にあっては違う。善だとか悪だとかの価値判断は彼の思考対象ではまったくない。なぜならばそれがあるがままの現実であり、人間の行動を帰納的に分析した結論がそうである以上、ましてや現実を抹消することはできない以上、現実に即して事柄に対応するしかない。打算のうえに、利を求めて人が行動するというのが実態であり、それを否定しても肯定してもしかたがない。否、何を肯定し、はたまた何を否定するのか。善だとか悪だとか言うことの裏には、「こうあるべき」「こうあるべからず」という期待ないしは希望が込められる。しかし、「べき」「べからず」といっても実際に「こうある」のだから、事柄はそこから出発せねばならない。

韓非は、性善・性悪、そんなことを議論することは意味がないと考えていたに違いない。わたしは思う。一般には、韓非は性悪説をとっていると解説されているが、それは間違っているのだと。

利の否定の否定

利益を求める行為、それを最も嫌悪したのは、孟子であった。

孟子、梁恵王《りょう》に見《まみ》ゆ。叟《そう》、千里を遠しとせずして来《きた》る。亦《ま》た将《まさ》に以《もっ》て吾が国を利することあらんとするか。――先生は、はるばる遠くからお越しくださった。わが国に何か利益をもたらしていただけるのでしょうな。

『孟子』の冒頭、梁恵王篇の最初の条である。「利」という恵王の言葉を聞いた孟子は、過剰ともいえる拒否反応を示す。

孟子、対《こた》えて曰く。王は何ぞ必ずしも利を曰わん。亦《ただ》、仁義あるのみ。王は何を以て我が国を利せんと曰い、大夫《たいふ》は何を以て吾が家を利せんと曰い、士・庶人は、何を以て吾が身を利せんと曰う。上下交々《こもごも》利を征《と》らば、国は危うし。……

王は、亦た仁義を曰わんのみ。何ぞ必ずしも利を曰わん。

また、宋牼《そうけい》という墨家の非戦論者と孟子との会話が告子下篇に見える。

「わたしは戦争がいかに不利益であるかを力説することで戦争をやめさせたい」

孟子「あなたは、利ということをもって説得し、説得されたほうも利益に従って撤兵し、兵隊たちも戦いを喜んでやめ、利益を第一と考えるでしょう。臣下は利のうえから君主に仕え、子たるもの打算のうえから親に仕え、弟たるもの打算のうえから兄に仕えるということになります。これでは、君臣兄弟すべて仁義をうちやり利益・計算だけを考えて人間関係をもつ。そのような状態が長く続いた国はありません。利益を捨てて仁義のみによって人間の関係を保つべきです」(『孟子』告子下)

先行する孟子の考えを十分知って、すでに理想主義の思想家たちが利を否定しているにもかかわらず、韓非はそれでも人間は利で動く、君臣関係、血縁関係、人間関係は互いの打算・計算だと言ってはばからないのである。なぜなら、それが現実だから。利・計算の心こそ人間の本質だと言う韓非の主張は、かかる利の否定の否定であるがゆえにいっそうの現実性と迫力をもつであろう。

ところで、いまわたしは、孟子の主張を韓非は知っていた、と言った。

孔子死してより、子張《しちょう》の儒あり、……孟氏の儒あり、漆雕《しっちょう》氏の儒あり、仲良《ちゅうりょう》氏の儒あり、孫氏の儒あり、……（顕学）

孟氏とは孟子、孫氏とは孫卿《そんけい》つまり荀子のこと（荀国の公室の子孫であるため、「孫卿」と敬称された）だが、『韓非子』の中で孟子の名が見えるのはここだけで、なぜか孟子の説を名指しで取り上げることはない。がしかし、さきに引用した葬儀屋と医者の譬《たと》えは、実は『孟子』にすでに見え、それをふまえたものといってよかろう。

矢を作る者が、鎧《よろい》作りよりも不仁だといえるのか、そんなことはない。ただ、矢作りは、自分の矢が人を殺傷しなくてはいけないとばかり思い、鎧作りは、ひとえに自分の鎧で人が殺傷されてはいけないと願う。巫医《いしゃ》と棺桶作りの関係もこれに同じだ。職業によって、仁と不仁が決まってしまうからには、仕事を選ぶには慎重でなければならない。孔子は、「人は仁の中に身を置くことが、美しい。自ら選んで仁徳の中に身を置かないなら、賢い人間とはいえない」と言っている。仁というものは、天が与えた爵位、人にとっては安住することができる状態であるといってもよい。誰もそのことを止めることはしないのに、不仁のままであるのは、不智、ものが分かっていないといわねばならない。不仁、不智、無礼、無義では人に使役されることから免れない。使役されてそれを恥とするのは、弓を作る者がそれを恥じ、矢を作る者が己の職業を恥じるのと同じといわねばならない。それを恥とするならば、仁をおこなって使役される身でなくなることだ。（『孟子』公孫丑上）

韓非にとって、あまりに理想主義的、楽天的で、実現にはほど遠く、しかしながら、したり顔で倫理道徳の実現を説く思想、まったくもって現実離れしているがゆえ、どうにも我慢できない一派、それは儒家であり、とりわけ孟子の思想であったとわたしは思う。このことに意を留めて、しばし韓非の反儒家的立場をたどってみよう。

打算にもとづく親子関係

徳・仁・義をその根本倫理に置く儒家思想、その出発点は血の繋《つな》がりにもとづく人間関係、親と子、家族である。家族の結びつきに認められるアプリオリな意識・感情、つまりそれは親が子に対する愛情、子が親に懐《いだ》く敬意（孝）、兄弟間の融和と尊敬（悌《てい》）であり、これらは生まれながらにして備わる人間の善意と考えるのである。

其の人となりや、孝弟にして而《しか》も上を犯すものは鮮《すくな》し。上を犯すことを好まずして、而も乱を作《な》すことを好む者は、未だ之れ有らざるなり。君子は本《もと》を務む。本立ちて道生

ず。孝弟なるものは、其れ仁の本たる乎《か》。（『論語』学而）

家族の情を根本に、それを君臣関係に拡大擬制することで、国家権力の承認に転化させること、これが儒家の唱えた統治イデオロギーであった。また、それは周以来の宗族、宗法、家族制度の上に形成された思想でもあった。

韓非はこの儒家の根本のところに楔《くさび》を打ち込む。親と子の間も、利と計算が働いているのだと。

君臣の関係には親子の情愛はない。にもかかわらず、義を盾に臣下を制御しようとすれば、当然そこにひびが入る。だいいち、父母の子に対する処遇も、男子が生まれれば祝福するが、女子が生まれれば間引いてしまう。男も女もともに父母の胎内から出てきたのに、男ならば喜ばれ、女ならば殺されるのは、後の便宜を考え、先々の利益を計算するからだ。したがって、親の子に対する態度は、打算の心がそこに働いていること否定できない。（六反《りくはん》）

＊

人というものは幼時に父母におろそかにされると成長して親を怨《うら》むこととなる。成人となった子供が老いた両親をぞんざいに養うと親は怒って子供を責める。本来、子と父の仲は、利益を度外視したきわめて親密な関係であるはずなのに、非難したり怨んだりするのは、己の行為に相手が報いてくれるという打算があるからにほかならない。……得をすると思えば仲よくなり、損をすると思えば、親子の間にも恨みの気持ちが生じる。（外儲説左上）

＊

父親が敵に囲まれると、危険を顧みず、子供が助けようとするのは、孝行息子が親を愛するがゆえのことだが、そんな子供は百人にひとりもいない。……子が親のためと思って行動すると思い込んでいるのは、とんでもない思い違いだ。利を好み、損を嫌うこと、これぞ万人共通の気持ちなのだ。（難二）

＊

恵子《けいし》がいった、弓の名人が、弓を引き絞ると、越の人間でさえ、その的をもつ。しかし、幼子が弓を引けば、慈母も部屋の中に逃げこむ。「確実でないと思えば、慈愛に満ちた母親でさえも、わが子から離れる」（説林下）

もっとも、この最後の意見は、いささか強引といわねばならない。母と子の信頼関係、ということを問題にしているのであろうが、母が信を置くのは親子の情であり、幼子の技量ではなかろう。それはさておき、ここに親と子の間は、打算や損得がまったく介在しない純粋な、素朴な愛情だけが存在する、「孝弟なるものは仁の本」と何の疑いもなく言い切れるのかと問われれば、さあどうであろう。今日のわれわれの世情にも通ずる右の韓非の例を突きつけられて、それを真っ向から否定しきれるだろうか。

君臣の関係は

家族同士、血縁という最も強い紐帯《ちゅうたい》で結ばれた関係においてすら、打算と利己にもとづくこと否定できない。ならば、それを君臣関係に拡大し、君臣の関係を父子の擬制とみなすことなど笑止千万、烏滸《おこ》の沙汰、そも世の君主の悲劇と戦国時代の下剋上《げこくじょう》は、ひとえにかかる楽天的思想が招来したものではなかったのか。『韓非子』には、随所にこのことが繰り返されている。

そもそも、君臣関係も父子関係と同じくすれば必ず治まるというが、その主張は、父子関係は乱れることはないというのが前提となっている。人間の情は、父母に対する情に及ぶものはない。誰もが父母から愛されているのだが、それでも良い子ばかりとはいえない。愛情が厚かったとしても、放蕩《ほうとう》息子が出ないというわけではなかろう。先王の人民を愛すること、父母のそれには及ばない。子でさえもうまく教育できずに、どうして民衆を治めることができようか。（五蠹）

＊

臣下は君主に対して肉親の情をもっているわけではない。権勢に縛《しば》られてやむをえずに仕えているだけだ。臣下は君主の心の中を探ろうと虎視《こし》眈々《たんたん》としている。これに対して君主はふんぞり返っている。これでは、君主が臣下に脅され、殺されるのも無理もない。(備内)

＊

人が好意や思いやりをもってこちらのために何かしてくれるということを期待するのは、危険だ。確実なことは、こちらのためにせざるをえないようにもっていくことだ。君臣関係は、肉親の関係ほど緊密ではない。まっとうなやり方で身の安全が保証されるならば、臣下はそれなりに力を尽くして主人に仕えるだろうが、そうでなければ私利私欲に走り、上に取り入ろうとする。だから聡明な君主は、何が得で、何が損なのかをはっきり天下に示すのだ。(姦劫弑臣)

以上、縷々《るる》説いてきたように君臣関係が功利的関係であることは火を見るより明らかであるにもかかわらず、儒者は血縁の愛を君臣関係に置き換えようとする。

学者が君主に言うに、利を求める心を去り、相愛の道に従えと。これは主君が施す愛が父母のそれよりも強いことを要求することを意味し、恩愛が何たるかを分かってはおらず、ペテンでしかない。(六反)

「いま、学者の人主に説くや、皆な利を求めるの心を去り、相愛の道に出んとす」。言うところの「学者」（儒者）とは、「孟子、対えて曰く。王は何ぞ必ずしも利を曰わん。亦、仁義あるのみ」とあるごとく、やはり孟子が意識されているのではないだろうか。
君と臣下との結びつきがこのように利によるのだとすれば、詰まるところ君臣関係とはギブ・アンド・テイクの商取引にも似たものだという見方に落ち着く。

臣下は死力を尽くすことで、君主と市《とりひき》をし、君主は爵禄を目の前にぶら下げることで臣下と市す。君と臣の絆《きずな》は、父と子のような紐帯で結ばれるものでなく、打算・計算によって成立しているのだ。（難一）

＊

君主は官爵を売り、臣下はそれに対して己の知力を売る。頼りにできるのは、自分しかない。（外儲説右下）

男と女

親と子の関係、君と臣の関係、そしていまひとつ男と女、夫と妻の結びつき、これもまた例外ではない。世の悲劇と厄災は、妻が夫にいつまでも変わらぬ愛情をもち続けている、夫に献身的であると思い込んでいるところから生じる。前章で紹介した斉の桓公、楚《そ》の春中君、春秋戦国の世に后や夫人が君主を殺害した話は、それこそ枚挙に暇《いとま》ない。

わが子が跡継ぎとして太子となっている諸侯の后妃や夫人たちには、君主に早く死んでほしいと願っているものが少なくない。夫婦の間には、肉親の情はないのだ。愛情があれば、かわいがられ、愛情がなくなれば、疎《うと》んぜられる。その母が愛されていると子供も抱かれるといわれているが、してみるとその反対に「母親が憎まれると、その子供も捨てられる」ことになろう。男は、五十歳になっても色好みは衰えないが、女性は三十歳を過ぎると、容色は衰える。容貌の衰えた女性が、好色の男に仕えるとなると、わが身は疎んぜられ、子は後継者となれないのではないかと疑心暗鬼になる。これが后妃や夫人がなぜ主君の死を望むかの理由である。母が太后となり、子が君主となれば、どんな命令でも出すことができ、どんなことでも禁止することができる。男と女の楽しみ事も君主の生前よりも自由となり、国を思いのままに操ることができる。だから君主に毒を盛ったり、首を絞めたりして殺してしまうという仕儀が出来《しゅったい》するのだ。（備内）

＊

身近な妻や子でさえも信用できない。ましてやまったくの赤の他人など、なおさらだ。（同）

春申君の側室であった余《よ》、魯《ろ》荘公の夫人で斉桓公の妹哀羌《あいきょう》、彼女たちの行動はまさにこのことを証明しているではないか。

かくしてここから韓非の有名な教訓が導き出されてくる。

人主の患は、人を信ずるにあり。人を信ずれば則ち人に制せらる。（備内）

「人は信用できない。信義など期待しない」、人間に対する不信、これが韓非の思想の基礎であり、出発点だったのである。

孔子に始まり孟子さらには荀子へと継承されていく儒家の思想は、人間の善意への信頼、人間同士の信義——それが内から醸成されるか、外からの教化を受けて身につくかのいずれにしても——が人間存在の条件であるとしてきた。

子貢《しこう》「食料、軍備、信義、この三者のうち何が不可欠でしょうか？」

孔子「それは、信義だ。人間は死から逃れられない以上、飢餓と安全もある意味では犠牲にせねばならないこともあろう。しかし、信頼・信義は違う。これがなければ人間はそもそも存在しないのだ」（『論語』顔淵《がんえん》）

「信なくば立たず」、今日でも政治家のキャッチフレーズとして使われる言葉だが、韓非はそういった楽天主義を、ものの本質がまったく理解できていない愚かで浅薄、それゆえ間違いと不幸を招来する考えとして切り捨てるのである。

「守株」「矛盾」

『韓非子』には、中国古典の中でもいろいろな面白い説話や、名言が見える。高等学校の漢文の教材にも『韓非子』は取り上げられ、なかでも有名なのが「守株《しゅしゅ》」(待ちぼうけ)と「矛盾」(矛《ほこ》と盾)の話だろう。ただ、「守株」も「矛盾」も、強烈な儒家批判の論理展開の中での比喩だったこと、そこまでは教科書は説明していない。

尚古《しょうこ》思想という儒家の主張がある。「信じて古《いにし》えを好む」(『論語』述而《じゅつじ》)、「古き訓《おしえ》に是れ式《のっと》る」(『詩経』大雅・烝民)というごとく、理想的な政治がおこなわれ、倫理的な世であったのは儒家の経典である「五経」が描く堯・舜《しゅん》・禹《う》や夏《か》・殷《いん》・周の時代であり、その時代に復帰せねばならないという。

韓非は過去にことさら価値を認めるというような考えは、時代の変化、それに伴う自然と人間社会の環境の相違を無視した誤った考えだとする。

上古の時代には、人間が少なく獣が多かった。人間は鳥獣や蛇に勝てなかった。聖人が現れて、木を組んで栖《すみか》を作り、それでもって危害から身を守ることができた。喜んだ民は、王として戴《いただ》き有巣《ゆうそう》氏と号した。人々は木の実や貝類を食べていたが、生臭くて悪臭があり、腹をこわし病気にかかるものが多かった。そこで聖人が現れて、木をこすって火を起こし、生臭さを取り除いた。民は喜んで、王として戴き、燧人《すいじん》氏と号した。

中古の時代には、天下に洪水が起こり、鯀《こん》と禹が河川を決壊することで治水をおこなった。

近古の世には、桀《けつ》と紂《ちゅう》が暴虐であったので、殷湯王《とうおう》や周武王が征伐をおこなった。

仮に、中古の世に木を組んだり木をこすったりする者が出てきたら、鯀や禹に笑われたであろう。殷や周の近古の時代に、河川を決壊させる者が出てくれば、湯王や武王に笑われたであろう。ならば、いま、堯・舜・禹・湯王・武王の政治を讃美する者がいたら新たに出てくるかもしれない聖人に笑われるということになろう。だから、聖人は古いことに従おうとは思わず、不変の道に則《のっと》ることもしない。その時代の事象を分析し、それに応じた備えをなすのである。（五蠹）

「時代の変化に従って、価値観も変わり政治も異なる、昔のやり方に固執するのは愚かなこと、ちょうどそれは」、と言ってここで「宋人《そうひと》に田を耕す者あり……」と、一度うまくいったことが、後にまた起こると信じて株を守る愚者の話を出してくる。

右の五蠹篇にも見えるように、堯・舜・禹は儒家が理想とする聖人君主であった。経典ではいずれの場合にあっても堯・舜を完全無欠の人格者として描く。堯・舜へのこの無批判的崇拝に冷水を浴びせたのが、次の問答である。

歴山《れきざん》という場所の農民が畑の畦《あぜ》に関してもめていたが、舜が行って耕すと、一年で争いがおさまった。黄河のほとりの漁師が漁業権でもめていたが、舜がそこに行くと、これまた一年で年上の者に譲るようになった。東方異民族の陶工が作る陶器は壊れやすかったが、舜が行って陶器を作ると、まる一年でしっかりしたものとなった。孔子が感心して言うに、「耕作、漁業、陶芸いずれも舜の本来の職責ではない。にもかかわらず舜がわざわざ行って処理したのは、だめになっているのをなんとかしようとしたからにほかならない。まこと、舜は仁者といえよう。自らを困難に置き、民衆がそれについてきたのだから。これぞ『聖人の徳の感化』というものだ」。

かく言う儒者に向かって、ある人がこう聞いた。

「そのとき、堯はどこにいたの？」

「堯は天子であったのだ」

「ならば、孔子が堯を聖とするというのは、おかしいのではないかな。聖人が上にいてきぱきとした判断を下しておれば、不祥事は生じないはず。耕作、漁業、陶芸に問題が起こらなければ、舜の徳化などいらないはずだ。舜が問題の解決に乗り出したということは、ほかでもない堯に失政があったからではないのか。舜を賢者とすれば、堯の明察は排除され、堯を聖人とすれば舜の徳化は排除されることになりはしないのか」

（難一）

「楚人《そひと》に盾と矛とを鬻《ひさ》ぐものあり、……」という人口に膾炙《かいしゃ》した「矛盾」の話は、この後に展開されていく。儒家が理想とする聖人・賢者としての堯・舜、両者の治績の礼讃は同時には成立しない、という意味を込めて。

「守株」「矛盾」、ともにそれは儒家が展開する言説と理論がいかに無責任でいい加減なものかを解説するのに使われた比喩であった。

III 刑と徳

法治主義

「人を信ずれば、人に制せらる」、不信の哲学の上に立つ韓非、およびその継承者たちが、信を置くべきものとしたのは、仁や義といった曖昧《あいまい》な頼りにならない主観ではなく、法・刑罰といった客観的基準であった。法を第一義に、法による統治、法治主義を主張する思想家を法家と称し、韓非はその代表であったこと、いうまでもない。

法家は血縁の親疎、身分の貴賤を区別することなく、すべて法によって処理した。それゆえ、父子の親愛、君臣の恩愛といったものは存在せず、……「厳にして恩少なし」

といわれるのである。（『史記』太史公自序）

法家者流は、司法官僚から発生してきたに違いない。信賞必罰をもって制度を補い、酷吏の手にかかれば、教化や仁愛など考慮せず、もっぱら刑法を主にする。秩序の維持だけをめざし、肉親の情を損ない恩愛を傷つけ無味乾燥な人間関係をつくった。（『漢書』芸文志）

＊

『史記』太史公自序に見える司馬談《しばだん》の諸子解説「六家之要旨《りっかのようし》」の条文と、図書目録である『漢書』芸文志の一節である。

秦帝国が法治主義を政治イデオロギーに、苛酷な政治をおこなったことは、教科書や概説書の説くところであり、それは右の『史記』や『漢書』の解説以来の一貫した見方であった。法家・韓非といえば、息の詰まる厳罰主義、苛政、厳格な法治という印象がつきまとっているだろう。法による厳罰主義、といえば確かにそれはそうかもしれない。しかし、韓非の主唱する法による統治は不条理な法適用、残酷な刑執行、恐怖政治では決してない。きわめて理にかなった、現実的な考え方であり、むしろ理屈に合わず、情に流され、それゆえ論理性に欠けるのは儒家の徳治主義なのかもしれない。『韓非子』次の一節を見ていただこう。いわれてみればもっともな言い分だと思うのだが。

むやみやたらに矢を放って的を射たとしても、弓が上手だということにはならない。法をうちやりて怒りの感情にまかせて殺戮《さつりく》をおこなっても、悪人はいっこうに恐れを感じない。甲が罪を犯したにもかかわらず罰が乙に下れば、怨みが内にこもるだけだ。だからよく治まった国は、賞罰が確《しか》と存在して君主の喜怒哀楽が介在する余地はない。聖人は犯罪を罰するに刑法により、死刑を執行しても怨毒にまかせて残虐なことはしない。だから悪人も服従する。賞と罰がきちんと対応すれば、何の心配もない。（用人《ようじん》）

韓非が説く法と刑罰、刑罰と恩賞、彼が最も言いたかったことをしばし代弁していくことにしたい。

法とは

韓非が言う「法」とは、国家的制裁、行為規範の性格を有した実定法、成文法規を意味する。そしてそれを保障し効果あらしめるために賞罰を設けるのである。

法というのは、官署に公布された明文化された法令、人民の心に逃れられないものとして刻み込まれた刑罰、この両者のことである。法を守る者には恩賞が、命令に違反する者には刑罰が加えられる。臣下は法を師とおき、模範として遵守しなければならず、法がなければ、臣下は乱脈となる。（定法《ていほう》）

君主にとって枢要なのは、法と術である。法とは、典籍に著し、官署に備えて、人民に公布するものである。術とは、君主の胸の内にしまっておき、多くの事例を突き合わせ検証して臣下を制御するもの。（難三）

＊

ここで言う「術」に関しては、ひとまず措《お》いておく。「法」に限ってみると、それは明らかに条文化された成文法規であり、法を制定するのは人民でもなければ、神でもなく、君主であり、主権者が下す命令が法にほかならない。

「経験的に与えられた法、つまり実定法、制定法、慣習法以外には法源を認めず、国家的法をもって主権者の命令とする」。こういった立場を「法実証主義」と名づけているが、その意味では韓非の法思想は法実証主義に立つものであるといってよかろう。

「法実証主義」の理論は、自然法思想に対抗するものとして、十九世紀、オースチン（John Austin 一七九〇～一八五九）らによって主唱され、ケルゼン（Hans Kelsen 一八八一～一九七三）などに継承されていった。彼らが否定する「自然法」とは、人間の本性の中には、秩序ある状態への志向が備わっており、それに従って一定の秩序が形成される規範と定義づけられる。秩序ある状態を善とみなし、それに向けての人性の存在――それが本能であっても理性であっても――を想定するという考えは、性善説に通ずるものといっても間違いではない。

性善説の否定から韓非の思想が生まれたことと、法実証主義が自然法に異を唱えることから出てきたことは、法思想の共通した必然的流れのうえから理解できるであろう。

度量衡としての法

韓非の法思想をめぐって、なおいくつか指摘すべき特徴が残っている。

立法の権限をもつ者は、あくまでも主権者としての君主であり、君主の命令が法となる。そこには、神から授かったものといった認識、ちょうどハムラビ法典のように太陽神から授かったものというような法の見方は微塵《みじん》もない。法がもつ権威、不可侵性は、法の成立の神秘性にあるのではなく、秩序の安定のための技術的用具として万人が規範とすべきその客観性、普遍性に存する。韓非がいう法とは、いわばモノサシ、度量衡にほかならないのである。

明主の法は、揆《はかり》なり。（六反）

＊

法術を捨てて心の政治をおこなおうとしても、堯とてただの一国をも正すことはできない。コンパスと定規を使わず、目分量《めぶんりょう》で計っても、奚仲《けいちゅう》のような名工でも車輪ひとつも作ることはできない。

凡人君主であっても法術に則り、下手な工人でも定規・コンパスを使えば、万にひとつの失敗もないのだ。君主は賢者・名工でもできないようなことは望まず、凡人誰でもができ、万にひとつの失敗がない方法をとれば、人の能力を発揮させ、功名をあげることができよう。（用人）

＊

巧匠は目測でも狂いはないが、それでも木材に印をつける墨縄《すみなわ》や定規を使用して計測する。聡明な為政者の判断は確かかもしれないが、それでも旧来の法を判例とする。だから、墨縄が真っ直ぐであれば、曲木も真っ直ぐに伐られ、水準器が水平であれば、凸凹も均《なら》され、天秤《てんびん》に懸けられると軽重の釣り合いがとれ、升目で測られると多少が均衡する。だから、法をもって統治すると、ものの上げ下ろしのごとくに簡単である。（有度《ゆうど》）

君主は法に従って、臣下は法を師として、あたかもメジャーをあて、量を測るごとくに案件を粛々と処理していけばよい。そこには、非凡な政治的手腕、行政的力量は要求されない。堯・舜という聖人君主でなくても、凡庸な君主であっても、法さえ完備しておれば、十分に統治できるという。韓非自身はそこまではっきりとは言っていないが、君主の力量、才能、君主権に賦与されているカリスマ性、そんなものは信じていなかったに違いない。したがって次のような、法至上主義的な言葉が出てくるのも故なしとしない。

法は身分の高い者に阿《おもね》らない。墨縄が曲がっているものに合わさないのと同じだ。法の適用は、智者も言い訳することはできず、勇者も争うことはできない。罪を罰するのは大臣とて例外でなく、善行を賞するのは匹夫《ひっぷ》も同じい。上に立つ者の過失を矯正し、下の者の邪悪を咎《とが》め、乱脈を治めすっきりさせ、人民の守る軌を一にするのは、法をおいてほかにはない。(有度)

君主の力量と法がもつ客観性、どちらが信を置くことができるのか、それはもはやいうまでもなかろう。しかしながら、その法とて不磨の大典といった価値づけはしてはいない。現状に合わなくなったら、それこそ「守株」ではないが、時の推移とともに変化するのは当然であろう。

政治が分からない者は、古いことは変えてはならない、しきたりは改めてはならぬというが、ものの分かった者は、そんなことは無視して治安を第一義に考える。守旧にしろ先例墨守にしろ、要はそれらが現段階で通用するかどうかそれが基準となるのだ。(南面《なんめん》)

韓非は法に、倫理性や、万古不変の道徳律といった性格を認めない。統治の道具にすぎない度量衡でしかないのだから。したがって基準としての器が世の変化に合わなくなれば、それは改正されて当然なのである。

ここで述べてきた「法」は、あくまで条文化された成文法を意識しているのだが、先に示した定法篇においては、「官署に公布され、明文化された法令」のほか、「人民の心に逃れられないものとして刻み込まれた刑罰」をも「法」の範疇《はんちゅう》に加えている。韓非の頭には、法といえば広い意味で刑罰も含まれる。

「法」は、別に「法禁」と表現される。それは、法が禁止、命令の性格を有していることからの用語だからにほかならない。

其れ境内の治は、其の法禁を明らかにし、その賞罰を必す。(五蠹)

＊

聖人の治たるや、法禁を審《つまび》らかにす。法禁、明著ならば、則ち官は法《おき》まる。賞罰を必し、賞罰、阿《かたよ》らざれば、則ち民は用《はたら》く。(六反)

「法」とは、あくまで統治のための手段、道具である以上、すべての法は当為を前提とした行為規範、つまり「せねばならない」「してはならない」ということを方向づける命令にほかならない。それを守らなかった場合には、違反者には不利益、制裁が加えられるのであり、ここに法と刑罰とは密接不離の関係をもち、ひいては法＝刑罰という等式を生み出すことになるのである。

人性と刑罰

さて、その刑罰である。すでに幾度となく言及してきたことだが、人間は利で動く、利と不利を無意識のうちに計算して行動する打算的動物だと韓非は見た。彼の考える刑罰の効用も、まずこの人間の性の分析のうえから導き出されてくる。

いったい厳刑は、誰しもが畏《おそ》れるもの、重罰は誰しもが嫌がるもの。したがって、聖人は畏れるものを公布して、邪悪を防ぎ、嫌がるものを設定して、悪事を予防した。だから、国が安定して暴乱が起こらないのだ。（姦劫弑臣）

＊

いったい利を欲する者は、損となることが大嫌いである。損害は利益の反対だからであり、望むことと正反対のことを忌み嫌うのは当たり前であろう。治を欲する者は、乱を憎む。同じように乱が治の対極に位置するからだ。したがって治の希求が強い者は厚き賞を、乱を憎むことの強い者は重い罰を用意する。いま、刑を軽くしようとする者は、乱を憎むことがそれほど強くなく、さりとて治を希求するのも強くない、とせねばならぬ。（六反）

＊

悪事が必ず見抜かれるとならば、誰もが用心し、必ず誅罰されるとなれば誰もが罪を犯さない。発覚しないとなれば、したい放題をおこない、罰せられないとなれば、制御がきかない。わずかな財貨でも、人の目につかないところに置いておけば、曾参《そうしん》や史鰌《ししゅう》のような正直者でも、怪しいもの。百金を人目のつく市に懸けておけば、大泥棒でも手を出さない。……だから、名君の政治は、監視を多くして罪を重く罰する。人民には、法律で禁止をし、良心に訴えることなど期待しない。

親が子に願うことは、生活のうえで幸福と豊かさが得られ、日常の行動では罪に触れないようにということである。君主が民衆に対しては、国難あらば身を投げ出させ、平和時には力一杯働かせることである。親は厚い愛情で子の幸福を願うも、子はといえば親の言うことを聞かない。君主は愛情などなく民衆の死力を求めて、その命令が忠実に施行される。賢明な君主はこのことが分かっているからこそ、恩愛の心を養わずに、威厳の権勢を強くするのだ。つまり、母親がいくら愛情を注いでも、だめな不良が出てくるのは、愛情に頼るからであって、父親が愛情は薄いとしても鞭で教育すると、立派な子供が多く出てくるのは、厳しさを第一とするからである。(同)

右に引用した第三番目の「家庭においても国家においても人間の愛情、良心などには期待しない」ということからは、利己的打算の前には、愛情、良心など無力であり、法・刑罰はこういった人間の良心、善意を前提としないところに存在するという考えが導き出されることになる。いったい刑罰は何のために犯罪者に加えねばならないのか、ここで韓非における刑罰の目的は那辺にあったのかを考えてみよう。

刑罰の目的

人はなにゆえに、また何を達成しようとして人を罰し、人の自由、財産さらには生命を奪うのか。この問題は、洋の東西を問わず、古くから議論されてきたことであり、現在でも見解の一致を見てはいない。ただ総じていえば、これまでに考えられてきた刑罰の目的は、あらまし、次の三つに集約することができるであろう。

第一は、応報。罪を犯し他者に損害を与えたその見返り、償いとして加害者も応分の損害を甘受せねばならないというものであり、いわゆる「目には目を」という同害復讐の考え方にほかならない。応報刑は復讐の名残りであり、刑罰の原初形態は復讐を国家が一定の基準に従って代行することから成立したともいわれている。個人的被害者の報復代行という応報刑とは異なるが、犯罪によって否定された法秩序が、刑罰によって回復される、つまり法の否定である犯罪、刑罰をその否定の否定と位置づけることも、受けた損害に対する反応、回復ということで、応報刑論の一端を担っている。

第二は、刑罰を科すことによって犯罪人ではなく、いまだ罪を犯していないものが犯罪に着手することを防ぐ、つまり予防・抑止を刑罰の目的に置くものである。応報刑論では、犯罪の抑止という効果を念頭に入れずに、犯罪に対しては必ず刑罰が対応するという考えであるが、一般予防といわれるこの第二の目的は、応報であることを刑執行の正当的理由とするのではなく、犯罪の抑制のために刑罰の目的と正当性を認めるのである。

いまひとつ、第三番目の目的として犯罪者の教育・更生を挙げることができる。特別予防と称されるこれも予防の範疇に属する目的刑であるが、先の一般予防が犯罪をいまだ犯していない第三者が犯罪に手を染めることを抑制するのが目的であるのに対して、犯罪者自身が再び罪を犯さないように防ぐ、つまり教育を目的とした刑罰である。

以上の三点に集約される刑罰の目的と、正統的根拠は、今日でも死刑の廃止、被害者の家族の慰藉《いしゃ》、少年法に内在する保護主義的思考、などの中で揺れ動いている。ただ現代の刑法、刑事政策にあっては、右の三点はどれが正しく、どれが間違っているのかということではなく、それぞれに意味あるものとされ、おそらくこれは、将来にわたって変わることはなかろう。

しかしながら、韓非が言う刑罰の目的は、違う。至って単純明快、またきわめて限定的であった。刑罰とは、治安、安寧秩序の達成と維持のために、人民が罪を犯さないための予防装置、すなわちいうところの一般予防が唯一であり、それ以外の目的は存在しない。「刑を以て刑を去る」(内儲説上・飭令《ちょくれい》)、これが韓非の徹底した刑罰思想なのである。

このことは、すでに先の説で引用した資料の「その畏れる所を陳《しめ》して、もって其の邪を禁ず(聖人は畏れるものを公布して、邪悪を防ぐ)」(姦劫弑臣)という主張からもうかがえるが、これに少し補足して条文を引いておくと、

出来の悪いどうしようもない子がいたとしよう。親や近所のものや先生がいかに怒って、責めて、また教え諭しても変わらず、その脛《すね》の毛ほども改めようとしない。ところが、巡査が何人かを引き連れて、法律をもって悪人を摘発するということになると、怖くなって変節し、良い子になる。つまり、父母の愛情など十分な教育効果はなく、お上《かみ》の厳しい刑罰に待たねばならないのだ。それは、民衆は愛情に対しては図に乗ってつけあがり、威嚇《いかく》にはおとなしく従うからにほかならない。

わずか十仞《じん》(約十五メートル)の城壁でも、戦国期の勇者楼季《ろうき》ほどの者でも越えられないのは、それが平地から屹立《きつりつ》しているから、千仞(約千五百メートル)の山でも、足の悪い羊を放牧できるのは、それがなだらかな傾斜であるからだ。(五蠹)

「民は愛に驕《おご》りて、威に聴《したが》う」から刑罰を設ける。それは犯罪の抑止というよりもむしろ威嚇、おどしといった方がよいであろう。さらに韓非および法家の厳刑主義を示すものとしてしばしば引用される次の有名な条がある。

殷の法では、灰を街に棄《す》てるものは、肉刑に処した。……灰を街に棄てると必ずや人にかかる。人にかかれば、怒って喧嘩になる。刃傷沙汰になれば、一族同士の戦いになり、結果として族全体を損なうことになる。肉刑を適用してもよいのだ。いったい、重罰は、誰もが嫌がるもの。灰を棄てないというのは、誰でもできる簡単なこと。簡単にできることで、嫌なことを回避する。これが政治というものだ。(内儲説上)

はたして殷でこういった法律が本当に存在し、施行されていたのかといえば、それははなはだ疑問である。別の史料では「商君(商鞅《しょうおう》)之法、刑棄灰於道者」(『史記』李斯列伝、『塩《えん》鉄論《てつろん》』刑徳)、といったように、商鞅が施行したと記されているものもあり、また『韓非子』内儲説の右に挙げた条文も引き続き「別にこうもいわれている」として、「殷の法では灰を道に棄てれば、その手を切断された」と若干異なった内容を列挙している。

つまり韓非自身もその法令の実在を確信していたわけではなかった。ここで彼が訴えたかったのは、「棄灰の法」に込められた法思想であり、予防を目した刑罰の効果、それを逸話といってもよいこの話で証明しようとしたに違いない。

韓非の予防刑の特異性

一般予防を刑罰の目的に据えるのは、なにも韓非に限ったことではない。ヨーロッパにおける法・刑罰思想との比較は、後の章で準備しているが、威嚇・予防によって犯罪抑止の効果を意図する理論としては、十八世紀から十九世紀にかけてドイツ近代法学の基礎を築いたことで有名なアンセルム・フォイエルバッハ（Paul Johann Anselm von Feuerbach 一七七五〜一八三三）――唯物論で知られるルートヴィッヒ・フォイエルバッハの父――が唱えた心理強制説が有名であろう。

「犯罪によって得られる利益と、それに対して科せられる刑罰の不利益を考察して、後者を前者よりも少し大きくして、犯罪と刑罰を法典に規定しておけば心理的に抑制がきき、一般の予防が成就される」。あらましこのような考え、つまり法による威嚇であり、ここから罪刑法定主義の理論形成が導き出されるのだが、韓非の言う予防は、フォイエルバッハのそれとは、似て非なるもの、根本において異質だといわねばならない。

まず第一には、フォイエルバッハの予防説は、法の条文を明示し、そこに記された罰則規定を認識させることで、犯罪への着手を回避することを眼目とする。威嚇の手段は法律であり、前提となるのはそれを知得する人間の判断力、理性である。罪刑法定主義の派生原理とされる罪刑の法定、「法律なくして刑罰なし」という有名な法諺《ほうげん》もかかる経緯に依る。それに対し、韓非が威嚇の手段とするのは、法律の条文よりも刑罰であり、法の明文ではなく、刑の執行が威嚇の効果を生み、前提となるのは刑を自己にとってマイナスなものと感得する人性である。

それゆえ、違いとして挙げられる第二は、罪を犯した人間には、確実に刑罰を実行せねばならないという点である。法律による心理抑制が、法の実際の適用、科刑を前提とはせず、それが存在することで威嚇の効果がある、つまり刑罰は「抜かない宝刀」と見るわけだが、韓非にあっては、刀は抜いてこそ、その鋭い切れ味を見せつけてこそ、意味をもつことになる。

楚の南、麗水《れいすい》の中から砂金が産出する。それを見込んで盗み取りする者が跡を絶たない。砂金窃取の法では、捕まれば直ちに公開処刑である。にもかかわらず違反者は多く、処刑された者の遺体が累々として河の水を堰《せ》き止めるほど。いったい、罪としてはきわめて重く、公開処刑であるにもかかわらず、跡を絶たないのは、必ずしも捕まるとは限らないからだ。仮に、いま「わしはおまえに天下を与えて、その代わりにおまえの命をもらう」といっても、普通の者はその気にはならない。天下をわがものにするのは、確かに大きな利益だが、それでもそうしないのは、必ず死ぬということが分かっているからだ。つまり、必ずしも捕まると限らなければ、公開処刑が待っていても、金の窃取がなくならないのであり、確実に処刑されるということが分かって、はじめて天下というものですら受けようとはしないのだ。(内儲説上)

先に挙げた「棄灰の法」は一説には商君（商鞅）が作った法律ともいわれているが、商鞅は韓非に先立つこと百年前、紀元前三四〇年前後に戦国秦の孝公《こうこう》に仕え、富国強兵策を勧めて秦を大国に導いた功労者であった。「商鞅変法」と称され、連座制などを含む新しい法を制定したことでも知られるその商鞅が、法令は確実に執行されるのだということを民衆に分からせるために、事前にある行動を起こした。

三丈の木を国都の市の南門に立て、これを北門に移した者には十金を与えると告知した。はじめは誰もそれを真に受けない。そこで次に五十金を与えると改めて告知した。ひとりの男がそれを実行し北門にその木を移したところ、はたせるかな、その者に五十金を与えた。命令に嘘偽りのないことを、下した命令は必ず実行することを、思い知らせたのである。

『史記』商君列伝に見えるこの話が史実かどうか、「棄灰の法」同様、いささか怪しいところがある。というのは、よく似た話が『韓非子』内儲説上篇にも見え、そこでは兵法家呉起《ごき》が秦の亭を攻め落としたときの話となっている。

秦のちっぽけな砦《とりで》を落とすのに、大軍を繰り出すほどのことはないが、さりとて捨て置くことができないと考えた呉起は、車の轅《ながえ》を北門の外に立てかけ、「これを南門の外まで移動させれば一等地と高級邸宅を与える」と公布する。しばらくは誰も手を出さなかったが、そのうち実行に移す者が出てきた。布告どおりに土地と家をもらった。次に赤い菽《まめ》一石を東門に置き、同じように西門に移す者に同じ恩恵を与えるとした。人はわれ勝ちにとそれを運んだ。そうしておいてこう命令したのである。「明日、砦を攻める。一番乗りには、仕官を許し上等の土地と邸宅を与える」と。攻撃が始まり、瞬く間に砦は陥落した。（内儲説上）

ここで、重要視せねばならないのは、命令・法令は確実に実行するということを身をもって知らしめるという発想は、韓非を中心とした法家思想に共通して見える特徴であったということである。罪を犯した者は見逃すことなく逮捕され、確実に処刑される、これを徹底し、骨の髄まで感得させることでもって犯罪から遠のかせる、これが韓非の威嚇・予防の目的刑主義にほかならない。

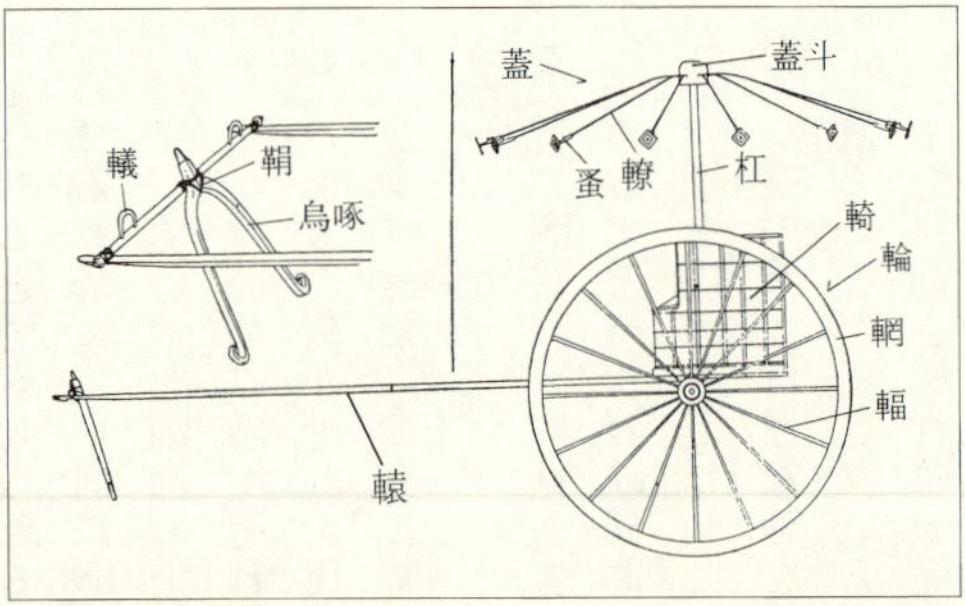

図13　車の轅　『漢代の文物』（京都大学人文科学研究所，1976年）

象牙の箸

いまひとつ韓非が言う威嚇・予防についての第三の特徴として「萌芽の措置」を挙げておきたい。

灰を棄てれば身体毀損《きそん》の刑（肉刑）に処す、この法のめざすところは、灰を棄てることを防止するのが、第一義の目的ではなく、それがきっかけとなって起こるかもしれない重大な事件を予防することにある。つまりはあくまで萌芽でしかない棄灰段階において重刑を科すことで大事の完遂を阻止するというものである。

昔、殷の紂王《ちゅうおう》は象牙の箸《はし》を作った。臣下の箕子《きし》は憂慮した。象牙の箸となると食器も犀《さい》の角や玉材をということになろう。食事の内容も牛や象の肉、豹《ひょう》の腹子といった珍味を、ということになり、着るものも住むところも、それなりの豪華さを求めることになろう。わたしは、その行き着く先が心配だ。はたせるかな、紂は酒池肉林を享受し、炮《ほう》烙《らく》の刑を設け、国は滅んでしまった。「微小なものを見抜くことを聡明という」（喩《ゆ》老《ろう》）

萌芽は末の大事を示唆し、そこに行き着く可能性を内包する。したがってそれに対して未然の段階で、より微小なときに手を打っておかねばならない。それが賢明なやり方だ。同じ喩老篇にまた次のような条も見える。

形あるもの、大は必ず小より起こる。長い時間を要するもの、集積はまず少ないものから起こる。したがって、「世の中の難しいことは、必ずや簡単なものから起こる。天下の大事は、必ず些事《さじ》から起こる」。それゆえ、ものを制御しようとすれば、微細の段階で措置をせねばならない。「難をその易《やすき》に図り、大をその細に為す」というのだ。千丈の堤は螻蟻《あり》の穴から決壊し、百尺四方の家屋も、煙突の飛び火から全焼してしまう。「大は必ず小より起こる」「天下の大事は、些事から起こる」というのも、あの棄灰の法の思想と同じであり、萌芽の段階での重罰による予防に繫がるものであること明らかであろう。喩老篇では、それを賢明、聡明という。しかし犯した行為、つまり罪と、それに対しての処置＝罰との間の均衡というものは、まったく考慮の外である。罪と罰との不均衡、それが韓非の予防刑の特異性でもあった。

『韓非子』と『老子』

ここで話は少し本筋からはずれる。

先に引用した象牙の箸の逸話は、『韓非子』喩老篇に見えるといったが、「喩老」とは、「老子《ろうし》に喩《たと》う」という意味で、『老子』に見える思弁的な条句を故事のうえに検証する、『老子』の条文を比喩をもって解釈するといった体裁をもつ篇である。象牙の箸の最後にいう「微小なものを見抜くことを聡明という」、後者の「難をその易に図り、大をその細に為す」

は、ともに『老子』五十二章、六十三章の文言にほかならない。
『韓非子』にはこの喩老篇のほかに「解老《かいろう》」（老子を解釈する）といった篇があり、ここでは、『老子』の条文を逐一解釈し説明する。また「主道《しゅどう》篇」と「揚搉《ようかく》（権）篇」の二篇も老子の思想つまり道家思想を取り入れたものとして知られている。

そもそも、無為自然を尊び、世俗の権力と制度を否定する老荘思想と、実定法を基礎として人為的支配を強調する法家思想とは、いわば水と油、お互いに相容れない考えのはずではないか。なのに、なぜ『老子』と『韓非子』が結びつくのか、「解老」「喩老」といった『老子』の解説めいたものがなぜ『韓非子』の中に紛《まぎ》れ込んでいるのだろう。

この問題には、中国思想史を研究してきた先学がしばしば頭を悩ましてきた。「喩老」「解老」の二篇は、黄老思想が流行した漢初に法家が自己の宣伝のため、反儒家といった共通した立場をもって『老子』を取り込んだのだ（津田左右吉『道家の思想とその展開』、岩波書店）といった見方をはじめ、さまざまな角度から論じられてきたのである。

確かに漢初にあっては、韓非には老子の学を根底に置くといった見方が存在していたことは、否定できない。その証拠に、『史記』は老子と韓非を同じ列伝第三で並べ、「韓非という人物は、韓の国の公子であった。刑名・法術の学を好み、その思想の根本は黄老の学に依るものである」（本章、七五頁）と述べていたではないか。

老子と韓非の秘められた学の交渉、それをいまここで正面から論ずるゆとりはない。喩老篇、解老篇は、後の時代になって付加された篇だとわたしも思うが、そこには学派の勢力拡大、宣伝という政策的なものだけではなく、何らかの共通した思想が根底に流れていると見るべきであろう。だからこそ司馬遷もふたりを同じ列伝の中に入れたに相違ない。

複数の先学が共通して指摘しているのは、韓非が理想とする法の運用は、度量衡さながら、機械的ともいえる客観性をもち、それは君主の人為を超えて、きわめてシステマティックなものとなる。つまり君主にとっては無為であり、法そのものは自然に限りなく近づいていく。ここに究極の法治と無為自然が共存の場を見つけることができるという解釈である。

功績をあげた者が必ず賞を受けるということであれば、賞をもらった者はそれが君主のおかげだとは思わない。自分の力で獲得したからである。罪ある者が必ず誅罰を受けるということであれば、罰を受けた者はお上を怨むことはない。罪を犯したからそうなったということだ。つまり民は賞も罰もどちらも己自身が招いたものと納得する。だから、生業において功利を得ようと一生懸命になり、恩賜を君主からは受けようとはしない。「最上の君主は、その存在を下々が知っているだけのもの」というのは、最上の君主のもとでの民は、悦《よろこ》ぶことなどないという意味である。恩恵を願う民衆など必要なかろう。（難三）

「太上、下これ有るを智《し》るのみ（最上の君主は、その存在を下々が知っているだけのもの）」とは、『老子』十七章の句である。「非人為」ということで、両者が一致するということ、確かにそれは事柄の一面を語っているといえよう。わたしは、それに加えて韓非の刑罰思想が、威嚇・予防を主に置く目的刑だったことが、与《あずか》って力あったのだと言いたい。

繰り返し言おう。「微小なものを見抜くことを聡明という」「難をその易に図り、大をその細に為す」は『老子』の文言である。後者、『老子』六十三章はこのあとに、「是《ここ》をもって聖人は終《つい》に大を為さず、故に其の大を成す（聖人は大事を為そうとしないがゆえに大事を成し遂げる）」と続くが、「難をその易に図り、大をその細に為す」だけの章を取り出し、意味をとれば、それは、犯罪をその萌芽の段階で見つけ、然《しか》るべき措置をとるという韓非の予防刑の主張そのままだといってよい。「萌芽の措置」という韓非の主張が老子に思想的根拠を見つけたこと、ここに両者の交渉の一端があったのだと考えたい。

存在しない応報刑思想

他の刑罰思想と比べたときに、韓非の刑罰に見える際立った特徴として、どうしても次のことは指摘しておかねばならない。

それは、韓非の頭の中には刑罰の目的を応報とする見方はまったくない、ということである。すでに本章III節の「刑罰の目的」でふれたことをもう一度くり返すが、一般的に刑罰の原初形態は復讐であり、被害者自身の手でおこなう自力救済を国家が代行する、すなわち法秩序のもとでの復讐、国家的制裁が刑罰の目的との見解は、ごく自然に受け入れられてきた考え方といってよかろう。「目には目を」というあまりに有名なハムラビ法典の文言、受けた被害と等量の損傷を加害者に加えるという旧約聖書「出エジプト記」「レビ記」などに見られるタリオ(同害復讐)、加害者は、犯罪に使用した身体の部位に害悪を加えられるという反映刑、なべてこれらは応報としての刑罰にほかならず、法創設の時代から刑罰の目的と考えられてきたものである。

応報刑は刑罰の起源であるばかりでなく、一般予防といった刑罰のいまひとつの目的が主張された以後も、予防刑思想を否定して応報刑こそが刑罰の第一義であると唱えられた。近代法の父として有名なチェーザレ・ベッカリーア(Cesare Bonesana Beccaria 一七三八〜九四)、彼が言う、「最大多数の最大幸福」こそが向かうべき社会の目標であり、それゆえ、刑罰は犯罪予防が目的だという説を、「もったいぶった人道主義に与する共感」として切り捨て、死刑の正当性を力説したカント(Immanuel Kant 一七二四〜一八〇四)の応報刑論をわれわれは知っている。

たとえ市民社会がその全成員の合意によって解体することになろうとも、その前に、監獄に繋がれている最後の殺人犯が死刑に処せられねばならない。
（「法論の形而上学的定礎」『人倫の形而上学』、樽井正義・池尾恭一訳『カント全集』、岩波書店）

刑罰を平衡、正義を守るための無条件の命令方式と置くカントの応報、同害復讐のこの主張は、しばしば引用されてきたのであった。

かく、今日に至るまで強い生命力をもつ応報刑思想であるが、前三世紀の韓非にあってはそれがまったくみられないのは、やはり特異といわねばならない。本当に韓非に応報刑の考えがないといえるのか、その証拠はと聞かれるかもしれない。これまで引用し紹介してきた威嚇・予防を根底とした韓非の刑罰に関する主張が、それを物語るのだが、ここに応報刑的思考を正面から否定する極めつきの一文を紹介しよう。

図14　カント

重い刑罰は、人の罪を咎めるためのものではない。賢明な君主の法は、度量衡のようなものだが、それは法に触れた者に適用するのではない。法に触れた者に科するとなれば、死人を取り締まるようなものである。盗賊を罰するのは、罪が確定した者をなんとかしようとするのではない。罪の確定したものを対象にするならば、服役者を処分するに等しく、すべて無益なことである。一個の犯罪を重く罰して、国中の悪を阻止するのが目的であって、盗賊を重罰に処して、それでもって良民を畏れさせるのが目的である。（六反）

＊

政治を知らない者は、皆こう言うだろう。「刑罰を重くすると、人民を傷つける。刑罰を軽くしても悪事を予防できるのに、どうして重くする必要があるのか」。これは、政治をよく分かっていない者の言葉であって、そもそも、刑が重いからといって悪事を犯さない輩は、必ずしも刑が軽い場合にも悪事から遠ざかるとは限らない。しかし、軽い刑で悪事をやめる者は、重い場合には当然悪事には、手を出さない。したがって、お上が重い刑を設ければそれによって悪事は一掃され、それがどうして民衆を傷つけることになろうか。重刑は、悪人にプラスになるところが小さく、お上が下す罰は大、民はわずかの利益のために大きな罪を犯すことはしない。悪事は必ず抑制することができるということになる。軽い刑は、悪人が得る利益は大きく、お上の下す罰は小、民は利益を目当てにその罪を見くびるから、悪事は防ぎようがない。（同）

「法に触れた者に刑罰を科するのは、死人を取り締まるようなもの」「罪を犯した者に罰を下すだけならば、無益でしかない」、ここには、犯罪者自身の刑事責任を問うといった発想は微塵もない。ましてや犯罪者の更生、特別予防という観点は韓非においては、その片鱗《へんりん》さえもうかがえない。いまだ犯罪に手を染めていない一般人に罪を犯させないことがすべてであるのだから。

IV　政治と君主

民は死んでも秩序の安定

刑罰の目的は、唯一、犯罪の予防にあり、それ以外のところには求められない。韓非の予防刑への主張はかくも徹底したものであった。

なぜにこのように威嚇・予防一辺倒となるのか。それは、韓非にとって何よりも重要であり、彼が、万難を排し、またいかなる犠牲をも顧みずに達成せねばならないと考えたのは、社会秩序の安定だったからである。それを達成する主宰者はもとより君主であるが、法律と刑罰は秩序化のための手段であり、メジャーをあてるがごとく法を整然と運用していけば統治が徹底し、混乱なき安定した社会と、人民に不安を抱かせない世の中が完成する。

愚かな者でも、世の中の安定は望む。ただその方法を忌み嫌うのである。危険を避けようとするが、逆に危険になる方法を好む。すなわち、厳刑・重罰は誰しも忌み嫌うが、それこそ国家を治める方法なのだ。国民に哀れみをかけ、刑罰を軽くするのは、なるほど人民には歓迎されるものだが、それが結果としては国家を危機に陥れるものなのだ。だからこそ、聖人は国に法を施行する場合には、世の中に逆らって、根本の道理に従う。そのことは、しかしながら世の中の愚かな者には、なかなか分からない。だから、正当論はつねに非難される。(姦劫弑臣)

＊

国を治めるということは、明確な法律を制定して、厳格な刑罰を施行し、それでもって万民の混乱を救済し、世の中の禍《わざわ》いを取り除き、強者が弱者を陵辱せず、多数が数にまかせて横暴なことをしない社会、老人が安らかな老後をすごし、孤児であっても健やかに成長する世の中、国境は安定し、君主と臣下、親と子の関係が親密に保たれ、殺されたり、捕えられたりする心配がない関係、こういった状態をつくることだ。これこそ君主としての最高の功績である。しかしながら、愚かな者は、それが分からず、このことを暴政と考えている。(同)

誰しも願う秩序の安定、平和な社会、その実現のためにはどうすればよいのか、それは法律と刑罰をきちっと適用し、それでもって秩序の安定を図ることだ。にもかかわらず世の馬鹿どもにはこんな単純なことが分からない。憤懣《ふんまん》やるかたなき韓非の叫びであった。

いったい、予防とは何を防ぎ止めるのか、いうまでもなくそれは秩序の紊乱《びんらん》である。秩序安定の手段として刑罰が存在している以上、韓非の刑罰が予防刑に傾斜することは当然だといえよう。安定秩序を希求するのに強烈といってよい逸話がここにある。

秦に大飢饉があった。

「五箇所の苑《えん》の野菜、植物、果物で人民の命を救うことができるものを開放したいと思いますが、いかがなものでしょうか」

こういう宰相范雎《はんしょ》の提案に対して、昭襄王、

「人民が功績をあげれば賞を、罪があれば罰を受ける、これがわが国の法である。いま、五箇所の苑を開放するのは、功績ある者にも、ない者にも同じように賞を与えることを意味する。それは、乱というものだ。五箇所の苑を開いて、それでもって乱をきたすよりも、植物など捨ててしまって、治まるほうがましだ」

五箇所の苑を開放することは、功ある民と功なき民とに互いに奪い合いをさせることにもなろう。民を活かそうとして混乱を招くよりも、民は死んでも安定秩序が保てる方がましだ。（外儲説右下）

「夫れ生して乱るるよりも、死して治まるに如《し》かず（たとえ人民はいなくなろうとも秩序の安定が第一だ）」、これとカントが言う、「たとえ市民社会がなくなろうとも、その前に、殺人

犯が死刑に処せられねばならない」とを比べていただきたい。あまりにも対照的なこの言葉に、死守せねばならないものは何か、刑罰の目的は何かについての両者の際立った違いが見事にあらわれているではないか。ここにきて、六六頁の図式にこう付加することができよう。

社会の安寧秩序→善なる人格の形成→教化→性善／性悪
社会の安寧秩序→秩序紊乱の防止→刑罰

政治とは

法律を道具として世の混乱を鎮め、秩序ある社会を実現する。それが君主のおこなう政治なのだが、世の中一般は政治が何たるか、政治の根本を分かっていない。一般には、恩恵に満ちた、民に対するいたわりと思いやりのいわゆる徳の政治、それが理想的だとみなし、とりわけ儒家は仁政を強調する。しかし、そこには大きな誤謬《ごびゅう》と危険性が潜んでいる。韓非はそう考えていた。

魏恵王《けいおう》が卜皮《ぼくひ》に向かって言った。

「わしの評判はどのようなものだろうか」

「殿は慈愛に満ちた恵み深いお方と、皆が申しております」

「それならば、どういう結果が期待できるのか」

王は欣然《きんぜん》として言った。

卜皮「結果としては国が滅びることになりましょう」

王「善行をしていて、国が滅びるとは、それはどういうことだ？」

卜皮「慈愛というものは、相手の立場に立ち、その不幸を見逃すことができないという気持ちでございます。恵みというものは、分け与えることでございます。相手の気持ち、相手の立場に立てば、罪人を誅罰できません。また恵与とは功績をあげなくても賞すということにほかなりません。罪を犯しても罰せられず、功績がなくとも賞与を受ける、これでは国が滅んでもしかたないではありませんか」（内儲説上）

＊

民に恩恵を施す政治（儒家の政治）は、間違っている。その理由はこうだ。恩恵の政治は、功績のない者に恩賞を与え、罪を犯した者を免除することにほかならない。それは、結局は法をだめにしてしまう。法がだめになると政治は乱れる、乱れた政治でもって、だめな民衆を統治する、それがうまくいくはずがない。いったい民に反逆の心が芽

生えるのは、君主の聡明さが至らないからである。（難三）

そもそも優しさとは、相手の立場を理解し、相手の嫌がることをあえてしない、そういった心配り、思いやりであり、「己の欲せざる所を人に施すことなかれ」（『論語』衛霊公）の精神である。相手からの見返りを期待しない純粋な愛、アガペー（agape）ともいうべき惜しむことなき愛、それは人間同士のつきあいの場にあっては、なるほどすばらしいものであろう。しかしながらこと政治の場ではどうであろうか。政治をおこなううえでは、人の嫌がることをあえて断行せねばならないこともあり、相手の立場を勘案し、相手が欲しないことを理解することは事柄の決断と実行を妨げる。決断、断行とは捨象することにほかならず、切り捨てねばならないのは相手の気持ちや立場だから。つまり、優しさとは、換言すれば頼りなさであり、決断できない優柔不断な主宰者は失格、亡国の原因をつくる。

法に従って刑罰をおこない、君主がそのために涙を流すというのは、仁愛を施したことにはなろうが、政治をおこなったとはいえない。涙を流し刑を執行しないこと、優しさかもしれぬが、どうしても刑罰を執行しなければならないというのが、法律である。優しさだけでは、政治はできないこと明らかである。（五蠹）

数年も前のことだったか、日本国の政治でこんなことがあった。

死刑は刑法一一条に規定があり、死刑執行は、法務大臣の命令によること、刑事訴訟法四七五条の規定である。しかしながら、法務大臣に就いた人物が死刑執行の命令を下すかどうか、死刑廃止という問題からしばしば新聞に取り上げられる。そのときの法務大臣は、僧籍をもっており、彼は宗教人として自分は死刑執行命令に印を押すことは立場としてできないといって、在任中には死刑を執行しなかった。

宗教人としての立場とは別に、政治家として、しかも現行法執行の責任者である法務大臣として彼の言動は評価の分かれるところであろう。少なくとも韓非はそのような者は政治家としては話にならない、と切り捨てるに違いない。「涙を流し刑を執行しないこと、優しさかもしれぬが、どうしても刑罰を執行しなければならないというのが、法律である。優しさだけでは、政治はできない」のだと。

踊は貴《たか》くて履は賤《やす》し

罪を犯せば、当然罰を受け、功績をあげれば、それにふさわしい褒賞を得ることができる。それは、行為者の自己責任が招いた帰結といえ、そこには何ら不合理はない。理に合わないのは、むしろ功績のない者に恩賞を与えたり、恩赦の名のもとに刑罰を赦免したり、減刑することで、このことが法的安定性を根底から揺るがし、ひいては亡国へと繋がる。褒賞を受ける資格のある者が、いくら多くの金銭をもらっていても、それは当然得るべきものであるがゆえ、贅沢と非難されることはなく、またことさら質素にする必要はない。逆に、受刑者の数がいくら多くとも、彼らが実際に罪を犯していたならば、厳正に罰するべきであり、酷政といった非難は筋違いだ。非難せねばならないのは、統治者が人気取りのためにおこなう寛政という名のもとの超法規的措置だ。これが韓非の合理主義であった。すでに挙げた言葉だが、もう一度引いておこう。

民に恩恵を施す政治（儒家の政治）は、間違っている。その理由はこうだ。恩恵の政治は、功績のない者に恩賞を与え、罪を犯した者を免除することにほかならない。それは、結局は法をだめにしてしまう。法がだめになると政治は乱れる、乱れた政治でもって、だめな民衆を統治する、それがうまくいくはずがない。（難三）

合理主義の政治家といえば、春秋時代、斉の荘公《そうこう》・景公《けいこう》の二代に仕えた名臣晏子《あんし》（晏嬰《えい》）がいる。

君主・官僚、ともに国家に仕え、国家を守るのが務めだ。君が国家のために死に、国家のために亡命しようとしたならば、わたしもそれに従おう。しかし、個人的なことで死んだり、亡命しようとするならば、そんな私的なことにわたしはつきあうつもりはない。

仕えていた荘公が、重臣崔杼《さいちょ》の夫人と密通し、それがもとで崔杼に殺されたとき、晏子が吐いた台詞《せりふ》である。

また斉の国に彗星が現れたとき、不吉なことだと祈禱《きとう》をさせようとする景公に向かって彼はこう言い放つ。

そんなことをする必要はありません。心にやましいことがなければ、祈禱など必要なく、非難されることがあれば、祈禱したところで彗星に影響を与えることはできません。

晏子はまた、儒家に対しても冷ややかであった。孔子は、斉の国での仕官を願っていたのだが、その希望がかなえられなかったのは、ほかならぬこの晏子の反対があったからだという。

いったい、儒者などは、口先ばかりで役には立ちません。派手な葬式に家産を使い果たし、遊説《ゆうぜい》と称して物乞いをおこなう。そんなことでは、国を治めることなどできません。階段の昇り降り、歩き方の一挙手一投足まで、礼にかなっているかどうかうるさく言い立てますが、そんなことは何世代かかっても習得することはできないことです。彼らの主義主張でもってわが国をよくしようとしても、日々の食べ物に事欠く貧民のための政策は出てきません。

しかしながら、韓非にかかれば、この晏嬰も政治のイロハが分かっていない、偽善的道徳主義者でしかなかった。

あるとき、斉景公が晏子に尋ねた。

「君の家は市場に近い。いま何が高くて何が安い?」

「それは、踴《よう》です。踴の値段は高騰し、逆に履《くつ》の値が下がっています」

踴とは、足切りの刑を受けた者がはく義足、つまり刑の執行が多いことを言ったのである。それを聞いた景公は刑罰を緩めた。

この話は『春秋左氏伝』昭公三年、『晏子春秋』内篇雑下などに見え、どちらも晏嬰の行為に高い評価を与える。

仁人の言は、其の利すること博《ひろ》し。晏子、一言して、斉侯は刑を省く。

君子、もし祉《さいわい》あらば、乱、庶《こいねが》わくば、遄《すみやか》に已《や》まん、とは其れ是を之れ謂うか。

『韓非子』にもこの話は取り上げられている。しかしながらそこでの韓非の評価は辛辣《しんらつ》を極める。

晏子は、そのような口実をつくって、刑執行の数を減らそうとしたのだろうが、政治音痴もはなはだしい。刑が適正であるならば、いくら執行の数が多くとも、多いということで非難されることはなく、逆に適正でないなら、少ないということで誉《ほ》められるものではなかろう。刑の執行に正当性があるかどうかを進言せずに、ただ数が多いことだけを問題にするとは、政策が何たるかのまったく分かっていない愚策だ。(難二)

徳・勢・術

君主は以上のような意識でもって政治を仕切っていかねばならないのだが、政策の遂行において、臣下をいかに統制していくかが重要な課題となろう。臣下を統御する具体的方法、手段をいうキーワードとして、「徳」「勢」そして「術」が『韓非子』ではしばしば強調される。

【徳】

「徳」といえば、儒家がその思想の根本に据える、仁愛にもとづく人倫道徳を意味する概念、「徳治政治」「仁徳」の「徳」がまず第一に連想されるだろう。

法治に対する徳治、その欺瞞を韓非は口を極めて非難したことはすでに縷々述べてきた。にもかかわらず、なにゆえにここに「徳」が臣下制御の鍵となる語として登場するのか、いささか腑に落ちぬと思われるかもしれない。

実は、韓非の言う「徳」は、儒家のそれとは異なった意味合いをもって使われているのである。

明主の導《よ》りて其の臣を制する所は、二柄《にへい》のみ。二柄とは、刑と徳なり。何をか刑と徳と謂う。曰く。殺戮、之を刑と謂い、慶賞《けいしょう》、之を徳と謂う。人臣たる者は、誅罰を畏れて、慶賞を利とす。故に人主自らその刑徳を用うれば、則ち群臣は其の威を畏れて其の利に帰す。（二柄）

＊

（明主の）その徳施に於けるや、禁財を縦《はな》ち、墳倉《ふんそう》を発《ひら》く。民に利ある者は、必ず君より出し、人臣をしてその徳を私《わたくし》せしめず。（八姦《はちかん》）

＊

晋人《しんひと》、邢を伐《う》たんとす。斉桓公、将《まさ》に之を救わんとす。鮑叔《ほうしゆく》曰く。太《はなは》だ蚤《はや》し。……夫れ危を持するの功は、亡を存するの徳の大なるに如かず。（説林上）

右に見える「徳」とは、「君主が与える慶賞」「国庫、穀倉から放出される金銭や穀物で民に利益をもたらすもの」、そして「亡国の復興に手を貸すこと」、すべてそれらは、代償を求めない倫理的行為などとはほど遠い、むしろ君主がおこなう打算的、功利的恩恵であって、利に釣られる臣下の鼻先に置かれた甘餌《かんじ》といってもよい。

およそ倫理道徳とは対極の功利的恩賞が、なにゆえに「徳」などと呼ばれるのであろう。その理由は、そもそも「徳」の語義が最初から儒家の言う「倫理的仁徳」ではなかったからと考えられる。

「徳」の、本来の意味について、小南一郎氏が興味ある説を提出している。つまり、徳とは天上に源泉する生命力を意味するのが原義であり、それはたとえば、『荘子《そうし》』天地篇は、天地を生み出した生命力である徳について、徳と得の音通関係を利用し、「一あるも未だ形あらず、物の得て以って生ず、これを徳と謂う」とし、あるいはまた、『管子《かんし》』心術上篇には、「万物を化育《かいく》する、これを徳と謂う」などにみられる生命力という意味こそ徳の本来の語義だという（『東方学報』六四、一九九二年）。

本書の第二章において、孔子、孟子などの思想家の天への信頼を述べた際に、孔子の天に対する強固な信頼をこう述べた。

子曰く、天、徳を予に生《な》せり。桓魋《かんたい》、其れ予を如何せん。（『論語』述而）

「天はわたしに使命を果たすべき力を与えてくれているのだ……」とこれを解釈し、「徳」を「天から与えられた力（power）」ととるのがここでは妥当であろう。

つまり、儒家もそのはじめにおいては、倫理道徳的な意味でそれを使ってはいなかった。人が生気を得るのは、「愛の力」によってなのか、はたまた、その行動の源泉が利欲にあるがゆえに、「金こそ力」と見るのか、そのどちらに立つのかで儒家と韓非のそれぞれの「徳」の解釈の岐路があるといえよう。

また別にこうも考えられるかもしれない。代償を期待して与える恩恵を「徳」とするのは、

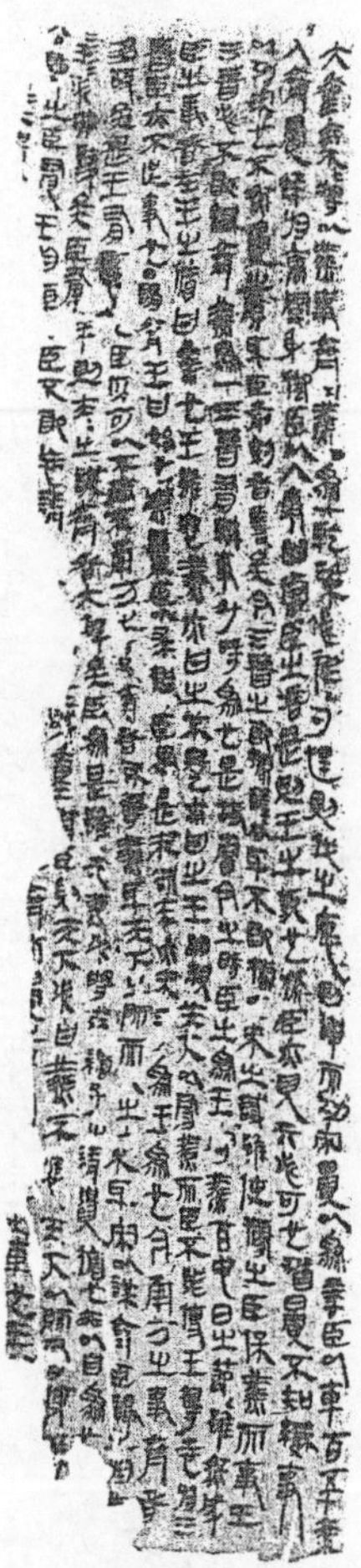
図15　戦国縦横家書　『馬王堆漢墓帛書』（文物出版社，1983年）

別に韓非に限った特有の思想ではなく、戦国期にはむしろその解釈の方が一般であったのだと。

一九七三年、湖南省長沙《ちょうさ》市の馬王堆《まおうたい》三号漢墓から多量の簡牘《かんとく》・帛書《はくしょ》が発見され、その中に戦国時代、合従連衡《がっしょうれんこう》で名を馳せた蘇秦《そしん》の故事を記した帛書――それは発見後「戦国縦横家《せんごくしょうおうか》書《しょ》」と名づけられた――二十四枚が含まれていた。その第十四章「蘇秦謂斉王章《そしんいせいおうしょう》」には、このような「徳」が説かれている。

　王の燕を謀《はか》るを以て、臣の賜となせば、臣も有《ま》た以て燕王に徳とせん。――王が燕を攻撃しないという言辞をわたしへの餞《はなむけ》として頂いたなら、それでもってわたしも燕王に恩を売ることができましょう。

また、第二十四章にも、

（楚王の）己を救うを信ぜしむれば、韓は我を聴く能《あた》わずと為すも、韓の王を徳となし、必ず逆《そむ》いて以て来るを為さず。——たとえ、韓がわが国楚の要求を聞き入れないとしても、韓は楚王を恩に着て、こちらに攻撃することはしないでしょう。

言うところの「徳」、いずれも韓非の言う代償を求めた恩義を意味する。こういった「徳」という語が、むしろ戦国時代には一般的だった。功利という要素を取り去り、道徳論理にことさら理想化し醇化《じゅんか》させた、それが儒家独自の「徳」だった。

【勢】

「勢」とは、〝いきおい〟、すなわち人間や物事を一定の方向に向かわせる力であり、自己の能力、資質ではなく、自己の外側にあり、依り処となる推進力を一般的には意味する。

韓非が言う「勢」もこれと基本的には変わらない。為政者が命令を実行させ、政策を進めるうえで推進力となる装置、具体的には君主という地位、その地位に賦与されている権威、権勢といった外的条件である。政治をおこなうにあたり、為政者個人の資質（賢聖）と、為政者に備わる地位や権力（権勢）、そのどちらが重要な役割を担っているのか、かかる問題について『韓非子』は、「難勢《なんせい》（勢を難ずる）」篇で議論を展開させている。

為政者個人の能力、人徳を無視して権勢、地位を盾に政治をおこなっても国を治めることなどできない。加えて、権勢というものは、一歩間違えば、獰猛《どうもう》な虎狼に翼を与えるようなもの、その典型が、桀や紂などの暴君である。権勢はかくも危険なものであり、要はそれをうまく利用する人の資質にかかるのだ。

為政者の資質に重きを置く立場は、いわゆる堯や舜などの聖人君主の政治を理想とする賢人政治で、それはとりもなおさず儒家の主張にほかならない。

賢人政治を標榜する右のような意見に対して、韓非の反論は至って理路整然としている。

まず第一には、堯や舜などの聖人君主、桀や紂などの暴君が生まれながらにその地位にあるということを云々《うんぬん》する議論は、ことのなりゆき、自然の趨勢《すうせい》をいうものであって、人がとやかくできる「勢」ではない。いわば「自然の勢」に属す。そのことを議論することは意味がない。自分の言う「勢」とは、人為的な権勢、地位であり、それはすべての人を制御することができる外圧である。

第二には、賢聖とは、外的に影響を受けない、つまり外から制御できない度量、器をもっている存在であって、権勢が一定の方向に向ける外圧である以上、権勢と賢聖を同じ土俵の上で論ずることは矛盾でしかない。

少し異なった観点としてこうもいえる。堯・舜、そして桀や紂などは、賢聖、暴君としての両極であり、千年にひとり出るか出ないかの存在である。われわれが考えねばならないのは、そのような例外に属する人物ではなく、ごく平凡などこにでも転がっている輩であり、世の中それが大多数を占める。したがって堯や舜の聖人君主の出現を待つなどということは、千年に一度の偶然を期待するようなもの、乱世を千年我慢して、ただの一度の治安を願うに等しい。しかも、たとえ堯・舜が出てきたとしても一個人としては自らの能力には限りがある。全体、大多数を治めるには、然《しか》るべき地位・権威を盾に褒賞・刑罰をシステマティックに運用していくことが一番である。賢聖の出現を待ち望むのは、北方で溺《おぼ》れかかっている人間を救うために、南方の泳ぎの名手を呼んでくるようなもの、餓死しかかった人を救おうとして特別上等な料理を与えるというような愚行に等しい。

要は普通の状態で最も必要なものは何か、確実に実行できるものは何かを考えることに尽きる。まともな馬を繋いだ車を五十里ごとに用意しておき、普通の御者が手綱《たづな》をとる。それで最短の時間で最も遠くに行き着くことができる、これと同じだ。賢者などどこにも必要ではないという。

賢人政治がいう一個人の秀でた能力ではなく、駅伝のシステム、用意された馬車という設備、それが事柄を推進させる機能であり、韓非の言う「勢」にほかならない。

【術】

権勢、地位よりもいっそう技術的、テクニックに傾くものとして、君主はいまひとつの「術」を習得しておかねばならない。「術」とは、臣下・部下の操縦術、掌握術であり、功利的行動を人がとり、それゆえ「人を信ずれば、人に制せらる」という教訓から導き出されたものであった。

『韓非子』内儲説上篇に「七術《しちじゅつ》」篇があり、そこで七種類の操縦術を開陳している。

㈠多くの手がかりを集めてそれを突き合わせて総合的、実証的に判断する。
㈡威厳をもって、必罰をおこなう。
㈢能力を発揮させるために、然るべき者に恩賞を与える。
㈣個別に分離独立して意見を聴取し、実績に従って結果責任を問う。
㈤不可解な命令や態度をわざとして、臣下を疑心暗鬼にさせ、また臣下をそれで試す。
㈥知らないふりをして、質問して、どう応えるのか観察する。
㈦意図することの逆のことを言ったりしたりして、相手の反応を見る。

右にいう「信賞必罰」「実物証拠主義」は、改めていうまでもなかろう。また「はじめに」で紹介した楽団での演奏者の上手下手の弁別の仕方は、この㈣の具体例にほかならない。徹底した人間不信は、なんといっても㈤㈥㈦であろう。「七術」に挙がる具体例はこんな例である。

県の長官であった龐敬《ほうけい》は、市の役人を視察し、責任者を呼び出した。しばらく立って対面していたが、別に何も命令せずにそのまま帰した。役人たちは、長官と自分たちの責任者が何か自分たちのことに関して話し合ったに違いないと疑心暗鬼になり、何もしないでも統制がきいた。

＊

簪《かんざし》を隠しておき、紛失したといって部下に探させる。見つけることができない部下たちに対して、別の人間を使ってその隠しておいた簪を探し出させ、それを部下たちの目の前に突きつけて、その無能ぶりを責める。

不可解な命令を出し、疑心暗鬼にさせるこれが例である。

韓の昭侯《しょうこう》は、爪を切ってそのひとつを自分で隠しておき、部下たちにはなくしたといって探させた。ある者が自分の爪を切って、それをなくした爪だといって差し出した。昭侯はそれで誠実な部下と不誠実な部下を見極めた。

「知らないふりをして、部下を試す」という例である。

第一には、法律を準則としてそれに忠実に則る、刑罰と徳を運用における推進力とする。

第二には、為政者個人の資質に過度な期待をせず、権威・地位という装置の上で、臣下を掌握する術を会得して政治をおこなう、そうすればどんな凡人君主でも一定の成果をあげることができ世の中の安寧秩序は達成できる。これが韓非の政治論であった。

V　韓非思想のエッセンス

現実主義

紊乱、荒廃した世を秩序たらしめるにはどうしたらよいのか、人間の性の本質を帰納的に分析し、そこから安寧秩序を達成せんとする韓非の人性、刑罰論、政治論を縷々紹介してきたのであるが、そこで印象づけられた韓非の思想、それは驚くほど現実的な考え方であろう。ではその韓非の現実主義をより詳細に分析してみれば、どういう内容をもつものであろうか。現実的だとの強いインパクトを与えるのはなにゆえか、それを考えてみることで韓非の思想の特徴がいっそう明らかになるに違いない。

そもそも、われわれがよく耳にする「現実的」だとか「現実主義」というのは何か。事柄の理解は、現実的ではないこととはどういうことなのかを分析することで、逆に「現実主義」の意味が浮かび上がってこよう。

「非現実主義」、ここには複数の概念が挙がってくる。
ひとつは、迷信、神秘主義、荒唐無稽、つまり非合理的、非科学的な事柄、「経験的に実証できない、具体的事実をもとに科学的に証明できないこと」、これらは非現実的という範疇に属する。

合理的、科学的でない考えは確かに非現実主義ではあるが、これとは別に理想主義、空想主義、これも、現実に即してはいない、現実から乖離《かいり》していることで、非現実的な考えといえるだろう。

ところで、一般的に、儒教は現実的な哲学であり、それを中心とする中国文化は、すぐれて現実的な文化と認められている。そこでよく引用されるのが、『論語』の「子は怪力乱神《かいりきらんしん》を語らず」（述而《じゅつじ》）であり、「子曰く、未だ人に事《つか》うる能わず。焉《いずく》んぞ能《よ》く鬼に事えん。未だ生を知らず。焉んぞ死を知らん」（先進《せんしん》）であり、儒家の合理主義、現実主義を象徴する言葉として人口に膾炙《かいしゃ》している。そのときにいわれる「現実的」とは、先の定義の前者、つまり非迷信的、非神秘的、目に見えないものに対する忌避の精神を意味するにほかならない。

では、後者、理想主義という観点からすればどうであろう。儒教はきわめて理想主義的な哲学であること、「楽天的」とも評される孔子の思想がそうであり、よりいっそう孟子がそうであったこと、本書でも指摘してきた。このことからすれば、儒教が現実主義的哲学だとはいえず、むしろ非現実主義的思想といわねばならないのである。

しかしながら、韓非は、儒家とは違った。神秘主義、虚構、天命、そういったものには一顧だにしない。それを真っ向から否定するということもせず、まったく考察の埒外に置く。目に見えるもの、具現化されるものしか話題の俎上《そじょう》に載せないのである。

また、理想主義はというと、道徳倫理ばかりを主張する儒家を批判してやまなかったこと、本書で繰り返し確認してきた。韓非にとって、空想、理想主義は実現が可能かどうかの考慮が欠落しているがゆえ、現実をまったくふまえていないものでしかなかったのである。

儒家の理想主義だけではない。韓非の時代には名家と呼ばれる論理学派が一方に存在していた。それは多分に詭弁《きべん》へと傾斜するものだが、彼ら名家の現実をふまえない空理空論の遊戯に対して韓非はまともに評価せず、一笑に付す。外儲説にはこのような話を挙げている。

宋の人で兒説《げいえつ》という弁論に巧みな人物がいた。「白馬は馬ではない」という理論をもって斉の稷下《しょくか》の学の内、弁論で他を圧倒していた。しかし、白馬に乗って関所を通過したとき、馬にかかる税金を払わざるをえなかった。（外儲説左上）

これは、名家の代表的弁説である「白馬非馬論」が前提となっている。「白馬非馬（白馬は馬ではない）」とはあらまし次のような論理展開をもっている。

「馬」とは形に対してつけられた名称、「白」とは色彩に対しての名称である。「馬」といえば、黄馬、黒馬どれでもその対象としては当てはまる。しかし、「白馬」といえば、黄馬、黒馬は対象からはずれる。ということになれば、「馬」は「白馬」ではない。

形状と色彩の両者の名称の範疇の相違、そこから導き出される存在論と形態論の錯綜《さくそう》を衝《つ》く詭弁的論理なのだが、「馬＝黄馬・黒馬」、「白馬≠黄馬・黒馬」→「馬≠白馬」と展開される論理だけをみれば、簡単な数学の証明さながらに合理性があるといえよう。しかし、税金といった現実の問題に遭遇すれば、かかる論理が本当に通用するのか。

空理空論を振りかざせば、一国を向こうに回して言い負かすこともできようが、現実の事柄をふまえて目に見える形態を吟味すれば、弁論は弁論、馬は馬でしかない。ひとりとして言い含めることはできない。（外儲説左上）

「之を虚辞に藉《か》せば、能く一国に勝てども、実を考え形を按《あん》ずれば、ひとりをも謾《あざむ》く能わず」、韓非はかく切って捨てる。

なお、この外儲説の引用に関して、以下に少し私見を述べることを許されたい。

『韓非子』外儲説の逸話は、桓譚《かんたん》『新論』、劉向《りゅうきょう》『七略』にも引用されているが、そこでは、兒説ではなく公孫龍《こうそんりゅう》その人のこととして挙がっている。もとより、白馬非馬論は公孫龍の論説として、当時から有名だった。ならばこそ、桓譚、劉向も公孫龍の名を挙げているのである。韓非もそれは百も承知ではなかったのか。「考実按形（実を考え形を按ず）」という韓非の台詞の「形」は、公孫龍がその白馬論で使用したキーワードにほかならず、それをわざと使って韓非は反論していると思えるので。ではなぜ「公孫龍」ではなくて「宋の兒説」と置き換えたのであろうか。

「兒説」という人物は、他の文献でも登場しないわけではなく（『呂氏《りょし》春秋』君守篇）、実在の人物であったという見方もまったくは否定できない。ただ、わたしはあえてここで韓非が「兒説」の名を出したのは、兒説＝「青二才（兒《こども》）の妄説」という皮肉を込めた掛詞《かけことば》だと考えてみたいのであるが、いかがなものであろうか。

閑話休題。非合理的・非神秘主義と非理想主義、このふたつの非現実主義的要素を正面から否定し、排除すること、それが韓非の現実主義であった。そのことは、万人これを認めるであろう。さらに韓非および法家の現実主義には、これとは別の特徴を指摘できる。

非理想主義、非神秘主義、それらはいずれも観念の問題である。これをいちおう形而上的現実主義といっておくと、いまひとつ韓非は量と質のうえでの、いわば形而下的現実主義に立つ。量的現実主義、それは立脚点を絶対多数に置き、数のうえで特殊・例外にあたる少数には立脚しない立場である。事柄を分析し、また政策をおこなっていくには、視点をつねに絶対多数に置き、多数への対応しか考えない。なぜならば少数はあくまで例外であり、例外であるがゆえにその出現における合理性と恒常性が希薄だからである。

たとえば、韓非の師であった荀子はきわめて合理的で論理的な思考をしたことで評価が高い。それは彼が人間の心に存する理性を重視する所産といえようが、己自身のそういった行動・思考を他人にも要求する。人間は訓練でもって理性的行動がとれるのだと。「礼に則った行動、それは理性的な行動であり、その理性的な行動が欲を制御し、性悪を善なる方向、行動に導く」。ほかならない荀子性悪説の要諦《ようてい》であること、もはやここで繰り返すことはなかろう。

韓非はしかしながらこの荀子の考えに、おそらくこう反論するかもしれない。

「そのことは、分かっています。しかし人間全体がそうなることは可能なのですか。現実的といえるのでしょうか」

言葉を換えていえば、荀子の考えは確かに合理的である。論理的欠陥はない。しかし、ではなぜ世の中のものがそうならないのか、成長しないのか。それは単に学習しないからだけなのか。ならばなぜ学習を途中で放棄するのか。またあまりに非理性的に行動する人間が多いのはどうしてなのか。絶対多数は理性的判断をおこなわず、本能的に功利へと、打算へと向かう。善悪の判断とは別にその絶対多数の現実を認め、そこから効果的対応を考えねばならない。それが現実だ。

絶対多数に立脚する現実的な思考は、同時に質的現実主義に繋がっていく。ここでいう

「質」とは人間の「資質」「能力」であるが、世の人間のうちですぐれた資質を有する人物、特異な才能をもつ者は少数であり、聖人賢者などに至ってはそれこそ何百年、何千年にひとり出るか出ないかである。数にして絶対多数を占める世の人間は、その資質においては凡庸な輩である。人間観を形成し、何にもまして人間を対象とする政治を考えるうえで、視点を置かねばならないのは凡庸な資質を有する者である。韓非のこの質における現実的思考、それは本書で取り上げた「勢」の考察において、端的にうかがえたこと記憶に新しい。

以上、非合理性、非科学性を排斥し、理想主義を否定する観念、さらには数における絶対多数と、質における凡庸のみを対象とする視座、それが韓非の徹底した現実主義といえるものであった。

ここで、「はじめに」の自殺検視と殺人現場に関する報告書、「湖北省雲夢睡虎地《うんぼうすいこち》秦簡」を思い出そう。その記述内容はきわめて合理的かつ科学的であった。それは遺体や現場に残された痕跡《こんせき》を詳細に調べて、それがなぜ生じたのかを考察していく、すべては現実世界の中での物理的原因から生じるとの前提に立ち、そこには迷信、非科学性は微塵もうかがえない。否、物理的な事柄だけではない。人間の内面、精神においても行動にはそれをおこなわしめた心的原因があるはずだという。「自殺者には必ずその原因がある。家族に問いただして、その理由を答えさせること」

「雲夢睡虎地秦簡」の時代は秦の統一の直前、まさに秦王政つまり後の始皇帝が韓非の著作を読んで一度会ってみたいといったその時代であった。「睡虎地秦簡」にあらわれた合理主義、科学的思考に韓非の現実主義が関わっている、もしくは韓非の思想の影響を受けたものと考えるべきかといえば、それは違うであろう。つまり韓非思想が浸透して「睡虎地秦簡」の合理的思考が生まれたのではない。同時代の思想家である韓非の説が、その段階でそこまで行きわたっていたとは考えられないからである。むしろ逆であり、紀元前三世紀、戦国末に至る社会の混乱が、一方で理想主義を生み出し、また一方では現実的、合理的思考を醸成していった。その例が「睡虎地秦簡」のあの検分調書であり、かかる現実的思考の集大成が『韓非子』が示す法家思想であり、こと現実主義に関してはそれが極端にまで徹底したものとなっているといえよう。

マキアベリとの比較

しばしば韓非は「東洋のマキアベリ」と評されている。ふたりが生きた時代の先後でいえば、むしろマキアベリを「西洋の韓非子」といわねばならないが、君主の絶対権力を前提に、目的合理主義を貫く立場は、韓非が説く政治論と共通したところがある。ここでは、マキアベリをはじめとして西洋の思想家たちの政治と法律についての主張を取り上げ比較することで、韓非思想を照射してみたい。

図16　マキアベリ

ニッコロ・マキアベリ（Niccolò Machiavelli 一四六九〜一五二七）、イタリア、フィレンツェの旧家に生まれ、メディチ家政権の崩壊後、フィレンツェ共和政権の外交書記官として活躍する。一五一二年、メディチ政権の復帰後、追放された彼がイタリア情勢への関心と、メディチ家接近を目して執筆したのが『君主論』であり、そこには、いわゆるマキアベリズムといわれる目的を達成するためには非道徳な手段をも是認する君主の権謀術数が主唱されている。

大国の利害の対立が周辺の弱小国を巻き込み、小国は自国の保全に汲々とする。合従と連衡を繰り返した春秋戦国時代、そしてまたマキアベリの時代もそうであった。

旗幟《きし》を鮮明にする態度は、中立を守ることなどよりも、つねに、はるかに有用である。……いつの世にも起こることだが、味方でないほうはあなたに中立を求め、味方に立つほうは武器を執って旗幟を鮮明にせよとあなたに迫るであろう。そして決断力に欠ける君主たちは、当面の危機を回避したいばかりに、大方があの中立の道を選んで、大方が破滅へと向う。（河島英昭訳『君主論』第二一章、岩波文庫）

なにか今日の世界の情況、とりわけわが国のことをいっているのではないかとも思える言葉だが、マキアベリの『君主論』においても、君主権の強大化、臣下に対する君主の対応、進めるべき政治を模索し、人間不信の現実主義を主張するといった韓非と同じような、思想が指摘できる。

君主たる者は、おのれの臣民の結束と忠誠心とを保たせるためならば、冷酷という悪評など意に介してはならない。なぜならば、殺戮と掠奪《りゃくだつ》の温床となる無秩序を、過度の慈悲ゆえに、むざむざと放置する者たちよりも、一握りの見せしめの処罰を下すだけで、彼のほうがはるかに慈悲ぶかい存在になるのだから。……慕われるよりも恐れられていたほうがはるかに安全である。（第一七章）

＊

人間というものは、一般に、恩知らずで、移り気で、空惚《そらとぼ》けたり隠し立てをしたり、危険があればさっさと逃げ出し、儲《もう》けることにかけては貪欲であるから、彼らに恩恵を施しているあいだは一人残らずあなたの側へついてくる……いざという時には当てにならないのだから。そして人間というものは、恐ろしい相手よりも、慕わしい相手のほうが、危害を加えやすいのだから。……邪《よこしま》な存在である人間は、自分の利害に反すればいつでも、これ（恩愛）を絶ち切ってしまうが、恐怖のほうは、……付きまとって離れない処罰の恐ろしさによって、つなぎ止められているから。……スキピオの場合……軍隊が反乱を起こした。このような事態は、彼が過度に慈悲ぶかかったこと……この慈悲心が、軍隊の規律にふさわしからぬ我儘《わがまま》を彼の兵士たちに許してしまったのである。……賢明な君主は自己に属するものに拠って立ち、他者に属するものに拠って立ってはならない。（第一七章）

＊

君主がみずからの地位を保持したければ、善からぬ者にもなり得るわざを身につけ、必要に応じてそれを使ったり使わなかったりすることだ。（第一五章）

人間は利己的な存在であること、君主の慈悲は政治、政策の遂行にあたって決してプラスの方向には作用しないこと、そして最終的には治安の維持の目的のために、すべての手段は正当化される、「手段はみなつねに栄誉のものとして正当化され、誰にでも称賛されるであろう」（第一八章）というマキアベリの有名な台詞が生まれる。

かく、確かに「西洋の韓非子」という評価を裏切ることなく、君主の絶対権力を主張するのだが、人間への信頼を完全に否定したのかといえば、さらには「人を信ずれば人に制せられる」という台詞がマキアベリの口から出る可能性があったかといえば、わたしはそうは考えない。

外敵よりも民衆のほうを恐れる君主は、城砦《じょうさい》を築くべきだが、民衆よりも外敵のほうを恐れる君主は、これ無しで済ませるべきだ。……最良の城砦があるとすれば、民衆に憎まれないことだ。（第二〇章）

＊

どのようにすれば君主が側近を見分けられるのか。それには決して過《あやま》たない方法がある。すなわち、あなたから見て、側近があなたのことよりも自分のことのほうを考えているときには、またすべての行動においてひたすら自分の利益を追求していることが明らかなときには、そういう輩は忠実な側近になるはずがなく、断じてあなたは信頼してはならない。……君主も、彼を忠実に保たせるためには、側近のことを思いやり、その名誉を称え、彼を富ませることによって、自分への恩義を深めさせ、数々の地位と任務とに彼を与《あずか》らせて、君主がいなければ自分が存在し得ないことを、……配慮しなければならない。……互いにこのような関係になったとき、一方が他方を信頼できるようになる。（第二二章）

ここに見られるのは、完全に否定しきっていない他者への、臣下への信頼とそれにもとづく関係といわねばならない。そこに、韓非との決定的な違いを見なければならぬ。そして、両者の相違がどこからくるのかといえばやはり、それは人間の中に存在する「理性」を認めるかどうかにかかっているのではないだろうか。人間を理性的な存在と認めないなら、それが韓非の立場であると思えるが、そこには信頼が入り込む余地はなかろう。なぜならば信頼とは、他者が理性にもとづいて判断し、行動するものと考え、それにより導き出される結果を期待することにほかならないからである。そしてこれは、次に取り上げるホッブズにおいても同じい。

ホッブズとの比較

トーマス・ホッブズ（Thomas Hobbes 一五八八〜一六七九）、英国国教会牧師を父として生まれ、オックスフォード大学を卒業の後、フランシス・ベーコン、デカルト、ガリレイらと交友を結び、ピューリタン革命直後にパリに亡命、以後十一年間を外国で送る。帰国後、著作活動を続けるが、無神論者としての批判を受けその論争の中で、九十一歳で世を去る。代表的著書『リヴァイアサン』は、一六五一年に出版された。リヴァイアサンとは、「ヨブ記」にみられる地上に並ぶものなき怪獣をさし、内乱を克服して平和を維持するための絶対主権をもって君臨する国家を象徴する。

『リヴァイアサン』の中の有名な言葉として知られるのが、「万人の万人に対する戦い」という文言で、それは国家が形成されない自然の状態を説明したものである。

図17　ホッブズ

人間は生まれつき与えられた同じ条件下で、等しく自己の保全、利己的快楽を求める。不信・競争心そして虚栄心、それが人間の本性である。この本性に従って人は力と奸計《かんけい》によって他者を支配しようとし、そこに戦争状態が生まれる。いわゆる「万人の万人に対する戦い」にほかならない。（水田洋訳『リヴァイアサン』第十三章、岩波文庫）

ホッブズは、また人間がもつ「自然権」という個別の自由を述べる。

自然権とは各人が彼自身の自然すなわち彼自身の生命を維持するために、彼自身の欲するままに彼自身の力をもちうるという、各人に賦与されている自由である。彼の判断と理性において、そのために最も適当な手段と思われるあらゆることを、おこなう自由である。（第十四章）

自然権とは別にホッブズは、「自然法」というものを想定する。それは、

(一)各人は平和を獲得する望みが存在する限り、それに向かって努力すべきである。

(二)人は、他の人々もまたそうである場合には、平和と自己防衛のためにそれが必要だと彼が思う限り、進んですべてのものごとに対する彼の権利を捨て

るべきである。
㈢人々は結ばれた信約を実行すべきである。
㈣相手から、単なる恩恵によって利益を得た者は、それを与えた者が、彼の善良な意志を後悔するもっともな原因をもたぬようにと、努力すべきである。……
といった十九種にものぼる「理性によって発見された戒律または一般法則」（第十四章）がそれである。

そこから次に人々は、自然法にもとづいてコモンウェルス（国家）を設定し、国家主権の代行者を設ける。各自の自然権はすべて放棄し、主権者の権利は絶対的であり、その権限によって制定法たる主権者の命令が市民法として施行され、市民を義務づけ自由を抑制する。主権者の命令への絶対的服従がかくして要求されることになる。これがホッブズが唱える国家と政治についての概要である。

人間が利己的、自己中心的な存在であることから出発して、その目的の第一に置く平和・秩序の達成と維持のためには、個人の権利の放棄と、主権者への無条件の服従、主権者の命令である成文法規に絶対的権威を賦与する法実証主義の立場、確かに韓非の法思想の形成と特徴に類似することが認められよう。

しかしながら、ホッブズの「万人の戦い」を生む自然状態と、韓非の言う人間性の「利」

「打算」の間には、やはり人間の内に「理性」の存在の有無をめぐって認識の差があり、両者がそこから展開していく思想を異にしているといわねばならない。「万人の万人に対する戦い」の状態は、各人が己の自由意志に従って行動する状態であるが、それは「判断と理性において最も適当な手段だと思われる自由」(第十四章)であり、自然権とは、あくまで理性をふまえて成立する。だからこそ、自然状態↓自然権の放棄↓コモンウェルス設立の社会契約↓主権者への服従、と展開できるわけである。

一方、韓非の言う「自然状態」は、本能的行動、本能的打算であり、「自然状態」を解消するには、理性の判断で「自然権」を自主的に放棄もしくは委譲し、社会契約を結ぶという方向はありえず、本能的打算には、威嚇を伴う外的権力の一方的統制しか功を奏さない。そもそも、個人は自然権というべき権利をもっていたなどと考えているわけではない。

さらにホッブズが主唱する自然法は、「理性によって発見された戒律または一般法則」(第十四章)と定義されており、とりもなおさずそれは本書一〇八頁で言及した十七世紀、十八世紀の西洋における近代自然法論から逸脱するものではないのである。

罪刑法定主義

人間の内なる理性に視座を置くものは、フォイエルバッハの心理強制説(一一九頁)がそうであった。人間が利害・快苦を合理的に比較し計算するという前提に立って、法による抑制を期待すること、この場合の計算もやはり理性的打算というべきであろう。

個人と国家、主権者と人民の間の合意、つまり契約、それが法律というもののひとつのあり方だとすれば、社会契約としての法は理性的打算から生み出されるものにほかならず、罪と罰との法定と明示、刑と罰との均衡、遡及法《そきゅうほう》の禁止、など罪刑法定主義の派生原則もこの契約という観念を基礎としている。

しかしながら、人間の理性を否定し、本能的打算を人性と見る韓非にあっては、主権者つまり皇帝と人民の間の契約が法律であり、罪と罰との明確な法定が契約内容だといった考え方は毫《ごう》も存在しない。確かに韓非は、法律の明文化を主張し、罰則規定をもつ成文法こそ法だという。そのことをもって法家の立場は罪刑法定主義もしくは、罪刑法定主義的なものだとの解説も少なくない（仁井田陞『中国法制史研究』、東京大学出版会）。

しかしそれは、罪刑法定主義への憧憬《どうけい》がなした誤解でしかなく、韓非および法家の刑罰論、そしてそれが中国古代の刑罰思想そのものなのだが、そこには「的な」ものをも含めて、罪刑法定主義の基盤は微塵もない。それがホッブズ、フォイエルバッハなどのヨーロッパ法思想と韓非との根本的相違であり、以後の東洋と西洋の法的思考の大きな岐路だったのである。

韓非は、人間の理性を視野には入れなかった。見方を変えれば韓非の刑罰、政治についての思想に欠落しているものがあったとすれば、それは人間の理性に対する留意だったといえるが、ならばなにゆえにそういった欠落が生じたのか、その依って来《きた》るところはどこにあるのだろうか。

何よりもいえることは、韓非が人間の性を考察する中で、善・悪の価値判断をその考察の対象に置かず、あるがままの現実にのみに立脚し、それを出発点としたことによる。人性の善悪ということであれば、孟子や荀子の唱えるように、良識、善への志向といった個人の教化、さらには教化を受け入れる個人の理性的判断の有無ということが当然俎上にのぼるであろう。しかしながら、韓非はそれを考慮の外に置き、損得に対して本能的に反応する人間の行動のみを取り上げ、それを肯定も否定もすることなく、現実として受け入れ、利用することによって刑罰による威嚇・予防へと理論を積み上げていったのである。

韓非にとって重要なのは社会の安定秩序であり、その社会を構成する人間集団をいかに統御するかがすべての課題であり、そのための人性の分析であった。したがって統治の対象たる人間を集団として捉《とら》え、個人、個性にはきわめて冷淡である。否、冷淡というよりも個性ということは考慮の外に置かれていた。

個性とは、人間を独立した人格をもつ存在と見て、その人格にそれぞれ固有の特徴を認めることであり、かつ個別の特徴は人間理性が創生するといってよい。韓非にはこういう発想はなかった、否、それは分かっていたのかもしれないが、少なくともそういう方向では考えなかった。人間に共通した本性、それは損得に対する打算であるが、かかる本性をもつ集団、その集団の統制が何よりも重要課題だったのである。

そこに彼の数量的現実主義が与る。韓非は事柄の分析と政策の遂行においてつねに視点を絶対多数に置いていた。人間でいうなら、同じような考えで行動する有象《うぞう》無象《むぞう》の凡庸にほかならない。圧倒的多数の凡庸を対象とする中で欠落していくのは、人間個性、個人の素質、個人の能力であり、さらにいえば、個人の権利であろう。よし個人の能力を認めたとしてもそれが現実の政治へ与える効果は期待できないとし、そのうえ個性、才能ある有能な人物の出現は常態ではなく、それゆえ彼には現実的なものではなかったのである。

韓非は言うであろうか。「鳥獣と区別される人間の理性、個人の能力、そういったものがあることは、もちろん知っている。しかし、人みな理性的存在なのか。個性を発揮できる人間は全体の中でどれほどだと思っているのか」

第四章　韓非思想の継承と変形

I　統一国家の統治者たち

李斯と二世皇帝

五百年余りにわたって続いた春秋戦国の混乱は、紀元前二二一年の秦《しん》始皇帝の統一でもって終止符が打たれる。統一を完成した秦は、すでに推し進めていた中央集権国家体制を充実させていくのだが、その根幹に法治主義があり、政策は法家思想にもとづくものだったことはいうまでもない。

韓非は李斯《りし》に陥れられ殺された。しかしながら、韓非思想を継承、実行し法治国家秦の礎を築いたのは李斯その人であった。

韓非は「慈愛に満ちた母親に放蕩《ほうとう》息子が生まれることはあっても、厳格な家に言うことを聞かない奴隷はいない」と言っています。それはとりもなおさず、罰を加えることが必須だということです。だからこそ、商鞅《しょうおう》の法では、道に灰を棄てれば、罪としては軽いものだが、厳罰を科すとしているのです。名君にしてはじめて厳格な処罰が可能なのです。軽い罪でも厳しい処罰を科す、ましてや重い罪を犯した場合はいうまでもありません。だから人民は罪を犯そうとはしないのです。

韓非先生はまたこうも言っております。「一尋《じん》ほどの布でも、処罰されないとなれば、誰しもわがものにしようとする。しかし確実に罰せられることが分かっていれば、百溢《いつ》の黄金を前にしても盗跖《とうせき》といった大泥棒でも手を出さない。高さわずか五丈しかない城郭でも、楼季《ろうき》ほどの勇者も越えられず、百仞《じん》もある泰山でも、足の悪い羊をそこで放牧できる。屹立《きつりつ》するものとなだらかな傾斜の違いである」と。

『史記』李斯列伝に見える、李斯が二世皇帝胡亥《こがい》に上奏した意見書の中の言葉であるが、もはや多くを解説する必要はなかろう。前章で取り上げた韓非の説そのものの引用である。

その二世皇帝、この男は実に暗愚な君主であった。少なくとも『史記』にはそう描かれている。たとえば、皇帝になった彼は次のようなことを韓非の言葉を引きながら言っている。

韓非先生もこうおっしゃっている。堯《ぎょう》や舜《しゅん》は伐採したそのままの材を垂木《たるき》に使い、茅《かや》葺《ぶ》きの屋根は、その端を切ってそろえず、土器に飯を盛り、瓦器《がき》で水を呑むようなそんな粗末な生活を送り、門番の生活の方がまだましであった。禹《う》は、治水に粉骨砕身し、自ら土を固める杵《つち》や土を耕す鍬《くわ》をもって、とうとう脛毛《すねげ》がなくなってしまうほど働いた。奴隷や捕虜の方がまだ楽だった、と。

天子がなにゆえ貴《とうと》いのかといえば、それは意のまま、したい放題のことができる身分

だからだ。舜や禹は骨身を磨り減らして、それを人民に知らしめたが、そんなことは手本にならない。(『史記』秦始皇本紀)

二世皇帝が引用している『韓非子』は、五蠹《ごと》篇に見える条文で、時代によって価値観が異なり、天子がもつ権勢にも差があり、地位に対する執着もそれぞれの時代で異なる。だから儒家のいうような堯・舜の禅譲という美徳も、現代の価値で判断するのは間違っているという尚古《しょうこ》主義に対する批判である。それを二世皇帝は、皇帝の地位に就いている者は、その高貴さにふさわしい恣意《しい》と奢侈《しゃし》を享受すべきと自己の勝手な主張を正当化する材料に使っているのである。

韓非は「臣下を信用してはならない。信用すれば制せられる」と言った。秦始皇帝が読んで感動したという孤憤《こふん》篇では、重人(重い権力をもった臣)がいかに君主にとって危険であり、国を滅ぼす存在かということを口を酸っぱくして説いている。

二世皇帝は、己に都合のよいところは、『韓非子』の言葉を盾に正当化を図っているにもかかわらず、重人に対して注意せよと言った韓非の肝腎《かんじん》の警告には聞く耳をもたなかった。その重人とは、趙高《ちょうこう》という男、かの「祇園精舎《ぎおんしょうじゃ》の鐘の声……」で始まる『平家物語』の冒頭に「遠く異朝をとぶらえば、秦の趙高……」として挙がる叛臣《はんしん》にほかならない。始皇帝の死後、朝廷で権力をふるい、果ては二世皇帝をも殺してしまうのである。

例の「馬鹿」という熟語は、趙高の横暴と二世皇帝の愚昧《ぐまい》を語るエピソードの中で登場する。

趙高は己の言うことに臣下が従うのかどうかを試さんとして、二世皇帝に「鹿」を「馬」といって献上した。戸惑った皇帝が左右の者に問うたところ、多くの者が趙高に阿《おもね》って「馬」と答えた。趙高はそれでもって臣下の忠誠ぶりを試し、「鹿」と答えた者を処罰した。(『史記』秦始皇本紀)

この趙高のやり方は、まさに「倒言反事(逆のことを言って臣下を試す)」、韓非が言う「七術」そのもの、また異口同音の虚言を戸惑いの中で信じてしまう話は、『韓非子』にも見える。

燕《えん》の人の妻が密通していた。あるとき、帰宅した夫と間男がばったりと鉢合わせした。

夫「誰の客だ?」

妻「客などいませんよ」

周囲の者に問うと、皆口を合わせて、いないと言う。

妻「あなたどうかなすったのではありませんか? 変なものに取り憑《つ》かれたのでは? お祓《はら》いのために、家畜の糞を浴びるのがよいでしょう」

わけが分からなくなった夫は、混乱した頭でそうかもしれないと思い、糞便を浴びた。

（内儲説下《ないちょせつ》）

秦は、韓非の法治主義を国家のイデオロギーとして採用した。その書は、李斯にしろ二世皇帝にしろ、バイブルのごとくに引用されるほどに浸透していったといえるかもしれない。しかしながら皮肉なことに、韓非の主張を二世皇帝は十分に理解できず、重臣が韓非の言う「勢」と「術」を会得して使い、韓非が言う亡国をあたかも手本とするように秦は滅んでしまったのである。

儒教国家漢の表と裏

秦の統一国家は、わずか十数年しかもたなかった。楚《そ》の項羽《こうう》によって秦は滅ぼされ、その項羽を漢の劉邦《りゅうほう》が破り、漢王朝が始まる。前漢（前二〇六〜後八）と後漢（二五〜二二〇）合わせて約四百年続いた劉氏漢は、中国の歴代王朝の中でも最も長命な王朝であり、以後の二千年に及ぶ帝政中国の政治・制度・思想の基盤はこの漢で築かれたといっても過言ではない。漢はすべての面で秦を否定して成立した王朝であり、とりわけ法家、法治主義は非難の対象となり、苛酷な法治主義をとったゆえに秦は国を滅ぼしたのだと説かれ、かかる見方は今日の歴史教科書、概説書にも引き継がれている。

反法家思想政策として採用されたのが、国家の政治イデオロギーを儒学とするいわゆる

図18　漢の武帝　『三才図会』

「儒学の官学化」であり、紀元前一四〇年前後、漢の武帝《ぶてい》（在位前一四七〜前八七）がおこなった政策であった。

前漢第五代（数え方によっては第七代）皇帝劉徹《りゅうてつ》、諡号《しごう》武帝は、歴代の中国皇帝の中で最も高い評価を得ている皇帝だといってよかろう。漢帝国は彼の時代に内政、外交の両面にわたって極盛期を迎える。対外的には、長年の宿敵である北方異民族匈奴《きょうど》との戦いに輝かしき勝利を得て、漢の版図は北はゴビ沙漠、西はタリム盆地、東は朝鮮半島、南はベトナムに及び、内政にあっては、経済制度、中央・地方の官制が充実し、中央集権国家体制を確固たるものとしたのである。まさしく武帝の時代は活気に満ち満ちた光り輝く時代だった。

後の時代の人々が武帝を賞讃するのは、なんといっても異民族を駆逐し、中華世界を文字どおり現出したことであろう。以後の中国の歴史は異民族の侵入と征服王朝によって中華意識が蹂躙《じゅうりん》され続けたのだから。一方の内政面にあっては、やはり儒学を国家の中心的学問にしたことであろう。以後、二十世紀の中華人民共和国の成立に至るまで、儒学は中国社会の根幹を形成し、社会のあらゆる面で大きな影響を与えたこと周知のごとくである。

その儒学だが、確かに武帝は政治のうえにそれを利用した。しかしながら、武帝のおこなった政治が徳治主義そのものであり、武帝が慈愛と仁徳に溢《あふ》れた為政者だったのかといえば、決してそうではない。「優しさだけでは政治はできない」「君主は決断と実行を備えてこそ評価される」という韓非が描く君主像、為政者がもたねばならない非情ともいえる果敢さを十二分に彼はもっていたのである。ここに、ひとつだけ武帝晩年のエピソードを紹介しよう。

武帝は最晩年に、弗陵《ふつりょう》という子をもうける。母は鉤弋《こうよく》夫人（趙倢伃《ちょうしょうよ》）、それまでに武帝には何人かの子がおり、皇太子も立てていたが、いくつかの不幸な事件が重なり、改めて皇太子を立てることになり、結果この弗陵が選ばれたのである。武帝は趙倢伃を寵《ちょう》愛《あい》していたが、弗陵が太子になって間もなく、些細《ささい》なことで彼女は譴責《けんせき》を受け、獄に繋《つな》がれ殺されてしまった。これは武帝が仕組んだことであった。

「御子を立てて、その母君を棄てられた、皆が訝《いぶか》っております」

「おまえたち愚人には分かるまい。昔、国がなにゆえに乱れたのか。それは君主が若年で、母親が壮健だったからだ。母親はやがて、好き勝手なことをして、驕《おご》り高ぶり、淫《いん》乱《らん》で抑えがきかなくなるのだ」（『史記』外戚世家）

前章II節の「男と女」にあった『韓非子』備内篇の条文（一〇〇頁参照）を覚えておられるだろうか。

母が太后となり、子が君主となれば、どんな命令でも出すことができ、どんなことでも禁止することができる。男と女の楽しみ事も君主の生前よりも自由となり、国を思いのままに操ることができる。だから君主に毒を盛ったり、首を絞めたりして殺してしまうという仕儀が出来《しゅったい》するのだ。

身近な妻や子でさえも信用できない。ましてやまったくの赤の他人など、なおさらだ。これを実践に移したと見紛《みまが》うほどの武帝の措置ではないか。

『塩鉄論』の世界

かくして立った昭帝《しょうてい》、その始元《しげん》六年(前八一年)、朝廷である政策討論会がおこなわれた。テーマは、武帝が制定した塩と鉄の専売制をはじめとした経済政策、さらにはそこから広く政治、制度にわたるものだった。参加した者は、全国から召集された有識者と現職官僚、前者は武帝以来の国家政策を否定し廃止を唱える儒家たちであり、後者は政治経済政策を推進してきた丞相《じょうしょう》(総理大臣)、御史大夫《ぎょしたいふ》(官房長官)とその属僚で、より実務的、現実的な役人たちである。会議のあらましは、討論の記録というかたちで同時代の桓寛《かんかん》が編集した『塩鉄論』十巻となって今日まで伝わっている。

明理、正法は姦邪が忌み嫌うもの、良民にとっては福ともなる。だから曲がった木は真っ直ぐな縄矩《さしがね》を嫌うように、悪人は法律を嫌うのだ。聖人は混乱と秩序を明察しているので、はっきりした法を制定して、厳格な刑罰を明示し、非を防ぎ邪悪を正す。法律は、ちょうど木を型にはめて真っ直ぐにする隠栝具《ためぎ》をつかうようなもの、水が火の備えとなるように、法は邪悪を防止するものだ。（申韓）

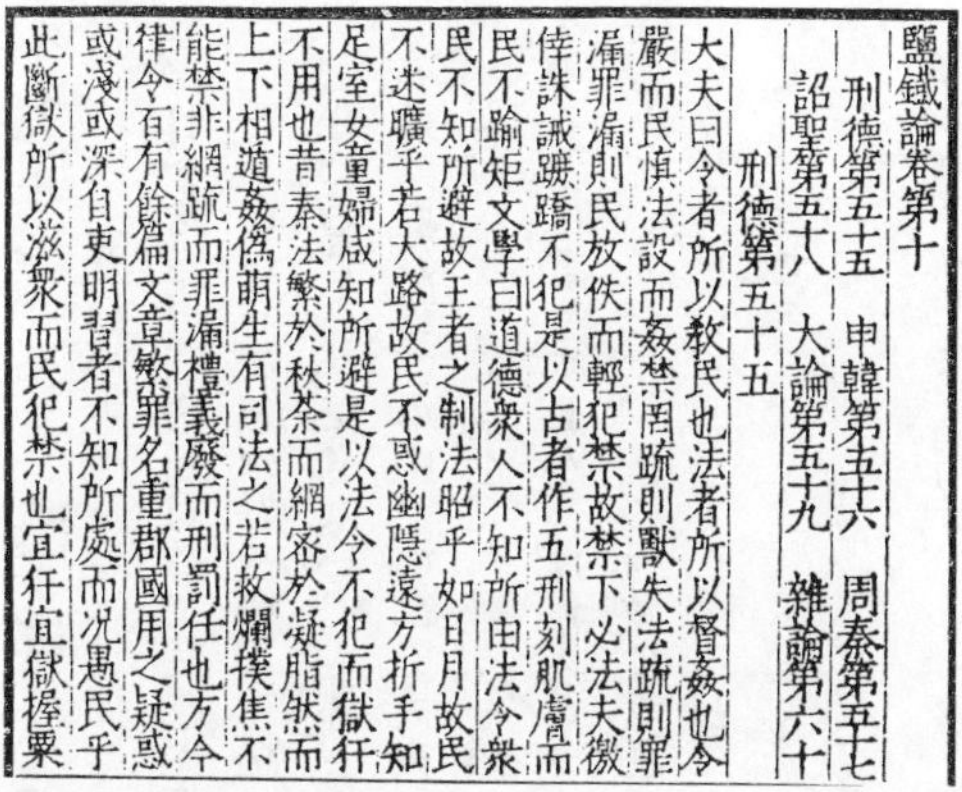
鹽鐵論卷第十
刑德第五十五　申韓第五十六　周秦第五十七
詔聖第五十八　大論第五十九　雜論第六十
刑德第五十五
大夫曰令者所以教民也法者所以督姦也令嚴而民慎法設而姦禁罔疏則獸失法疏則罪漏罪漏則民放佚而輕犯禁故禁下必法夫微倖誅誠蹠蹻不犯是以古者作五刑刻肌膚而民不踰矩文學曰道德衆人不知所由法令衆民不知所避故王者之制法昭乎如日月故民不迷曠乎若大路故民不惑幽隱遠方折手知足室女童婦咸知所避是以法令不犯而獄犴不用也昔秦法繁於秋荼而網密於凝脂然而上下相遁姦僞萌生有司法之若救爛撲焦不能禁非網疏而罪漏禮義廢而刑罰任也方今律令百有餘篇文章繁罪名重郡國用之疑惑或淺或深自吏明習者不知所處而況愚民乎此斷獄所以滋衆而民犯禁也宜犴宜獄握粟

図19　『塩鉄論』の一節

＊

法律を制定して、刑罰を定めるのは、百仞の谷に臨んだり、火を握ったり、刀を踏んだりするのと同じこと、民が畏れて禁を犯そうとしないようにさせる。慈愛に満ちた母親に放蕩息子が出るのは、厳しさに徹しきれないから。厳しい家に言うことをきかない奴僕《ぬぼく》がいないのは、躾《しつけ》を厳しくするからだ。厳しい家のやり方を参考にせず、慈母の失敗をまねるのは、惑乱でしかない。（周秦）

＊

わずか三仞の壁でも楼季もこれを越えることができず、雲を衝《つ》く山とて、牧童は登っていく。

屹立しているか、なだらかかの違いだ。法令もこれと同じく、仰ぎ見るもので、真っ赤に燃えた炉《ろ》の中の黄金は大泥棒の荘蹻《そうきょう》とて手を出さず、道に落ちている銭は、匹夫《ひっぷ》もそれを拾う。匹夫が貪欲で荘蹻が高潔なのではなく、軽重の違い、利害がはっきりしているからだ。ことほど左様、礼譲では邪悪をなくすことはできず、刑罰でしか暴虐を防ぎ止めることができない。(詔聖《しょうせい》)

右は『塩鉄論』の中での御史大夫、およびその属僚の発言である。「邪悪の防止」「百仞の谷」「慈母と放蕩息子」、本書でも繰り返し引用してきた韓非の主張であった。ただ、ここで次のことは言っておかねばならない。『韓非子』の言葉を引用して、自己の主張の正当性を主張しているのは、漢の行政の責任者であり、それがまさに彼らが懐《いだ》いていた政治意識であったこと、そしてまったく同じところを秦の李斯も引用して法治主義にもとづく政治を主張していたのである。

漢家自ずから制度有り

武帝の後、昭帝、宣帝《せんてい》と続くほぼ半世紀は、前漢王朝の安定期であった。なかでも宣帝は宮中の政争から逃れて民間で育てられたため、社会とは、政治とは何たるかを熟知していた。彼の進めた政治は法律を整え、いっそうの法治国家をめざし、地方行政制度、特に監察システムを整備していったのである。政治姿勢のあり方について、宣帝と皇太子（後の元帝《げんてい》）との間で交わされた会話が『漢書』元帝紀の冒頭に記されている。

元帝という人物は、いたって柔和《にゅうわ》な、文人皇帝であった。儒学に造詣《ぞうけい》が深く、彼自身は徳治主義を理想としていたのだが、例に漏れず、慈愛と仁徳は為政者に必要な果敢さと決断力をそぎ、元帝は為政者としては劣等であった。

「陛下は、刑罰を用いること厳しすぎはしませんか。儒者の意見をもっとお聞きになるべきです」

当時皇太子であった元帝のこの言葉を聞いて、宣帝は啞然《あぜん》とせざるをえなかった。

「わが漢帝国には政治の方針があるのだ、覇道と王道を併存させるという。徳だけで事が済むか。ヘボ学者は時代の趨勢《すうせい》が分からず、古いことは良いことだと言って、理想と現実の区別がつかず、何が重要なのかまったく分かっていない。そんな奴らに何ができるのか。……わが国家をダメにするのは、太子かもしれぬ」

はたして、元帝の優柔不断さは皇后一族の権力壟断《ろうだん》を招き、その中から王莽《おうもう》がのし上がってくるのである。

以上、わたしは秦から漢にかけての政治の流れと、時々の為政者たちの言動、その根底に流れる韓非、もしくは韓非的な法思想の一端を示した。

皮肉なことに、法家思想を標榜した秦は、韓非の危惧《きぐ》した重臣と暗君でもって国を滅ぼし、儒教国家漢は、韓非思想をその根幹に据えたことで最も安定した国家を築くことができたのである。韓非が主唱した法治、政治は、漢にあって最も有効に活用されたといってよいかもしれない。そしてこれは中国の歴代王朝の政治、とりわけ法律・刑罰において、脈々として継承されていった。詳細は次節で改めて論ずることにして、韓非思想の継承者をもうひとり紹介してこの節を終えよう。

諸葛孔明と『韓非子』

漢の武帝は確かに人気の高い皇帝であるが、武帝に勝るとも劣らない政治家として、三国時代三世紀、蜀《しょく》の劉備玄徳《りゅうびげんとく》に仕えた孔明諸葛亮《こうめいしょかつりょう》がいる。軍師としてまた政治を担当する丞相として名臣の誉《ほま》れ高い孔明だが、彼は『韓非子』を筆写して後主劉禅《こうしゅりゅうぜん》（劉備の子）に送ろうとしたという。『諸葛亮集』（その原本はすでに散逸してしまい、現在は『三国志』裴松之《はいしょうし》注などに引用でしか残っていない）に載せる劉備が劉禅に残した遺詔の中に

図20　諸葛孔明　『故宮週刊』214期（合訂第10冊，台湾，1993年）

見える。

聞くところによると、丞相孔明は、『申子《しんし》』『韓非子』『管子』『六韜《りくとう》』を書写し、そなたに送ろうとしたが、途中で亡くなってしまったという。そなたそれを求めて世に名声を博す縁《よすが》とせよ。（『三国志』蜀書先主伝、裴松之注）

諸葛孔明が、『韓非子』にどれほど傾倒し、また政治の参考にしていたのか、『三国志』をはじめとする史料は直接には語ってはいない。しかしながら孔明がとった興味深い処置がここにある。まず、『韓非子』外儲説に見える次のような逸話を引こう。

晋《しん》の文公《ぶんこう》が狐偃《こえん》に尋ねた。

「人民に十分に食べさせ、士卒に十分に支給し、彼らを戦場に行かせる、刑罰を弛《ゆる》め、税を軽くし、それでもって戦争に人民を駆り立てる、これはどうじゃ？」

「だめです。おっしゃることはすべて民を生かす政策です。戦争とは民を殺すこと。そんなことに民がついてくるはずはありません」

「ではどうすればよいのじゃ」

「否応《いやおう》なしに戦わねばならないようにすることです。それには信賞必罰しかありません。究極の刑罰は、親しい者、貴い者にも躊躇《ためら》わず刑を適用し、最愛の者とて例外に扱わないことです」

翌日のこと、狩りをおこなった文公は、正午に集合することを命令し、遅れた者には軍法を適用すると告げた。はたして公の寵愛する臣が遅れた。文公は涙を流しながら、その者を袈裟懸《けさが》けに斬って捨て、法が確実に適用されることを示した。かくして晋は勝利に次ぐ勝利を得た。(外儲説右上)

この話、諸葛孔明のあの「泣いて馬謖《ばしょく》を斬る」を想起させはしないか。馬謖は孔明が山上に陣を張ってはならないという命令に従わず、山の上に本拠を置いたがために水補給の道を断たれ軍は壊滅し、それが諸葛孔明の第一次北伐の失敗を招いた。孔明が日頃目をかけていた馬謖ではあったが、彼は命令違反として誅殺《ちゅうさつ》されるのである。

「昔、楚と晋の戦争で、楚は自軍の優秀な将、得臣《とくしん》を殺し、敵国はそれを喜びました。戦時下で自軍の有能な将を亡くすこと、まことに惜しいことではありませんか」

かくいう意見に対して孔明の返答はこうである。

「孫武《そんぶ》が言うに、どうすれば天下で勝利を勝ち取ることができるのか、それは法令の執行を確実にすることによる。世が分裂し、戦争が始まっているのに、ここで法を無視して執行しないとならば、どうして賊を討伐などできようか」

II　予防刑と現実主義

辟罪・辟刑

秦から始まる中央集権国家、それを支えた法は、「律《りつ》」「令《りょう》」と呼ばれるものであった。律とは刑法、令とは主権者の命令であり、その中で恒常性をもつものは追加法としての法形式をもった「令」であった。

秦漢から始まる律令を軸とした法体制およびそれを支える法思想において、わたしは、一貫して刑罰の目的は予防にあったのだと言いたい。少なくとも、西洋にみられた応報刑的な思想はきわめて希薄、皆無に近いといってよいであろう。

秦始皇帝は、統一を完成した段階で、全国を巡行して各地に石刻を立て、秦帝国の成立とその政治方針を高らかに宣言した。今日まで刻石はごく一部ではあるが残っており、『史記』秦始皇本紀にもその文章は採録されている。そこにこのような文言が刻まれている。

除疑定法、咸知所辟（曖昧《あいまい》さを除いて、きちんと法を制定すれば、皆がしてはいけないことを知る）（瑯琊台《ろうやだい》刻石）

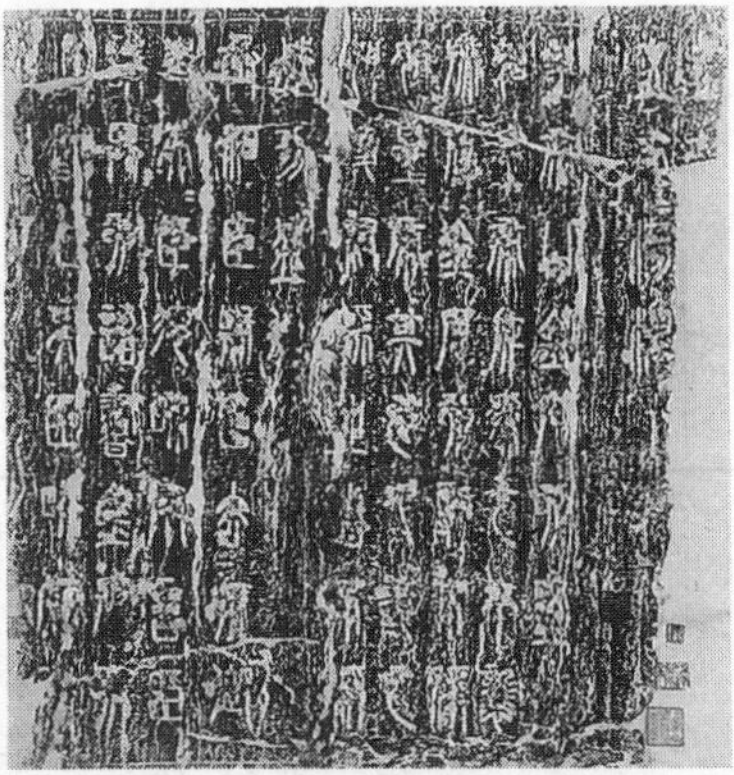

図21　瑯琊台刻石　『書道全集』1（平凡社，1965年）

法律とは、避けるものを分からせるためのもの、とりもなおさず犯罪を防止するのが存在理由であることを明言している。

この「辟（避）——さける」という語に注目したい。「辟罪」「辟刑」「大辟」といった熟語が漢語で古くから使われており、それは、「罪を避ける」「刑罰を避ける」「大いに避ける」という原義から「避けるべき罪」「避けるべき刑」となり、さらには「刑罰」という意味へと転化する。「大辟」とは、「最も避けねばならない刑」、つまり「死刑」の意味にほかならない。

また、「辟」一字をとってみても、「辟、法なり」（『説文解字《せつもんかいじ》』『爾雅《じが》』）、「辟、罪なり」（『左伝』宣公九年・杜預《どよ》注）、「辟、誅なり」（『左伝』襄公二五年・杜預注）といったように、「法」「罪」「刑」の意味をもつ。要するに、辟、辟罪、辟刑は法律、刑罰という意味に集約されるのである。

「罪」と「罰」という語に限ってみれば、本来、違法行為としての罪（crime）と、その行為に対する非難・制裁（punishment）は異なる概念をもっていることというまでもない。しかしながら、中国古代においては——否、古代のみならず、現代に至るまでそうだと思うのだが——罪と罰、この両者は厳然とした区別をもって使われているとは思えない。それは、「死罪」と「死刑」というふたつの熟語を例に挙げれば瞭然《りょうぜん》であろう。「死罪」も「死刑」も、命を絶つべき刑罰としての意味でわれわれは理解しているのではなかろうか。

問題はまた応報刑思想の有無とも関わろう。犯した罪に対して相応する罰が用意される応報、同害復讐にあっては、罪と罰はいわば秤《はかり》の左右に置かれ、一対一に対応するものである。罪と罰の均衡、罪と罰の法定、さらには違約としての制裁といった概念もその対応関係から導き出される。犯罪と刑罰がかく対応する以上、両者が交わることはない。

しかしながら、韓非の刑罰論にあっては、応報刑思想はまったくといっていいほど認められなかったのである。さらにいえば、韓非のみならず、以後の中国の刑罰思想において、それが韓非の影響を受けたのか否かはさておき、応報刑思想は希薄であったとわたしは見ている。刑罰の目的は、威嚇《いかく》・予防であり、罪と罰、さらには法律をも含めてそれらは畏怖し回避するべきものという共通した理解が綿々と続いていくのである。

受け継がれる予防刑

凡《およ》そ刑を制するの本《もと》は、将《まさ》に以《もっ》て暴悪を禁じ、且《まさ》に其の未《いま》だしを懲《こ》らしめんとするなり。……夫れ、暴を征し悖《はい》を誅するは、治の威なるなり。(『漢書』刑法志)

右は、荀子の言葉を借りて刑罰の目的を論じた班固《はんこ》の論評であるが、『漢書』の編者の班固は、後漢礼教主義を信奉した儒学の徒であった。その彼にして刑罰の目的が未然の犯罪の威嚇・予防だと明言しているのである。

かかる考えは、以後、中国の法典の序文などが刑罰の意味や目的を述べるにあたって、共通して認められる主張であった。

凡愚は情欲のままに行動し、見識が低く、罪を犯してしまう。これまで、法制度がなかったことなどなく、刑をもって刑を止め、殺をもって殺を止めるといわれてきたのである。国にあっては刑罰は弛《ゆる》めてはならず、家庭では笞《むち》を廃《や》めてはいけないのだ。(宋「唐律釈文《しゃくもん》」)

「刑を以て刑を去る」は、すでに本書でも解説したが、『韓非子』にも出てきた言葉(内儲説上・飭令《ちょくれい》篇)であった。

人間というものは、欲望を捨て去ることはできず、欲望によって情が増大し、欺瞞《ぎまん》が増幅し、弱肉強食の状態となる。だから、聖人は法律を制定し、刑法を定めて犯罪を予防し、悪人を怖れさせ善人に安寧をもたらそうとしたのである。
　　　　　　　　　　　　　　　　　　（洪武《こうぶ》七年〈一三七四〉大明律《だいみんりつ》を進めるの表）

右ふたつの文は、七世紀にできた唐律に関する注釈書の序文、および十四世紀に作られた明律を奉《たてまつ》る臣下の上奏文の一部である。

漢→唐→明、と引き継がれていく中国の刑法（律）、そこに流れる刑罰思想、それは一貫して安寧秩序の達成と維持を第一義とし、刑罰は威嚇・予防の手段であるとの考え方であり、ほかならぬ韓非思想の継承ともいえる。したがって、そこには、応報刑、罪刑法定主義、さらには社会契約としての法といった考え方は生まれる余地はなかったのである。

如律令

　威嚇と予防に徹底した中国の法律と刑罰、それは韓非によって理論化されたものであり、秦漢帝国の為政者たちは政治の要《かなめ》に置き、以後の法典にも受け継がれていく。すなわち、韓非の法思想はひとり韓非個人の思想にとどまることなく、中国法の基層となったといってよかろう。個性・個人より集団の統制、社会契約ではなく威嚇の手段としての法、そして罪刑法定主義を生み出す土壌の欠如、それらは、ヨーロッパ、西アジアとは異なる中国固有の法思想と法習慣であった。

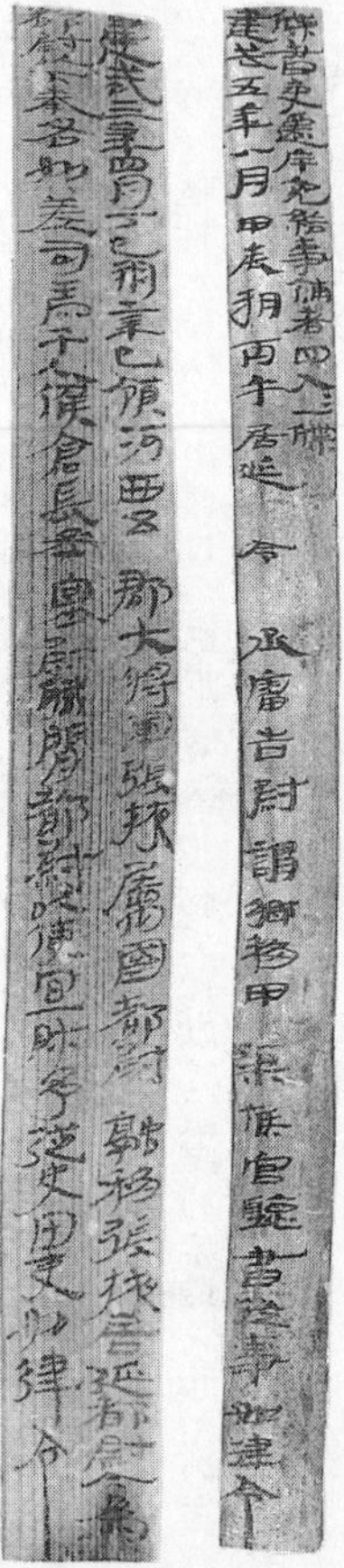

図22　居延簡　22：56（右）と22：70.『居延新簡』（中華書局，1994年）

こういった中国的な法・刑罰の特徴は、現実の法の運用のみならず、社会慣習においてもその影を落としていると思える。

「如律令」という語がある。この語は皇帝の詔書をはじめとする上からの命令（これを下行《かこう》文書と呼んでいる）の末尾に置かれる常套句《じょうとうく》である。文献史料にも散見するが、近年に内モンゴル一帯の漢代烽燧遺址《ほうすいいし》から出土した木簡、それらは下行文書が多いこともあって、枚挙に暇《いとま》ないほどの「如律令」の語が見える。ここに後漢の光武帝時代（二五～五七）の二例だけ紹介しよう。

牒書吏遷庁免給事補者四人人一牒
建武五年八月甲辰朔丙午居延令　丞審告尉謂郷移甲渠候官聴書従事如律令
（E. P. F22：56A）

牒書《ちょうしょ》。吏の移動・罷免《ひめん》に伴う補充者四人。ひとりに一牒。
建武五年八月甲辰《こうしん》朔丙午《へいご》、居延令《きょえんれい》丞審《じょうしん》、尉《い》に告げ、郷に謂い、甲渠候官《こうきょこうかん》に送る。文書を受け取ったら、然るべく取り扱え。如律令。

＊

建武三年四月丁巳朔辛巳領河西五郡大将軍張掖属国都尉融移張掖居延都尉今為都尉以下奉各如差司馬千人候倉長丞塞尉職間都尉以便宜財予従史田吏如律令

（E. P. F22 : 70）

建武三年四月丁巳《ていし》朔辛巳《しんし》、領河西五郡大将軍張掖属国都尉《りょうかせいごぐんだいしょうぐんちょうえきぞっこくとい》融《ゆう》、張掖居延都尉《ちょうえききょえんとい》に送る。いま都尉以下の奉禄は、おのおのこのような区分となっている。司馬《しば》・千人《せんにん》・候《こう》・倉長《そうちょう》・丞《じょう》・塞尉《さいい》については、職間都尉《しょっかんとい》が便宜の財をもって従史《じゅうし》・田吏《でんり》に供与せよ。如律令。

ところで、この「如律令」の正確な意味だが、これまで「律令のごとし」「律令の規定に従って取り扱え」などといった解釈がなされてきたが、別に下行文書それ自体が律令というわけでもなく、また律令に特別な規定があるわけでもなく（文書伝達の一般的規定は郵書律にあるものの）、いずれの解釈をとってもその意味にいまひとつ落ち着きの悪さが残る。

ここで、考慮に入れなければならないのは「如律令」という語が常套句、慣用句だということである。つまり、常套句であることは、そこに特別な意味があるというよりも、むしろ手紙の末尾の「敬具」「草々」が本来の語義を昇華してしまい、単なる「止めの言葉」となってしまったのと類を同じくする。

ではなにゆえ末尾の「止めの言葉」に「律令」などといった語が用いられたのであろうか。わたしは、それは律や令という法律には威嚇の効果があり、あえて「法律と同じだ」と記すことで、文書に畏怖、威厳、威嚇を賦与し、それでもって命令の徹底を期待したのだと考えたい。それは当時の法律が威嚇、畏怖の具であったことから導き出された習慣といってもよかろう。

黄泉の国での威嚇

「如律令」という語は、現実社会の行政文書だけに限らず、副葬品として埋葬された文字記録にも登場する。墓券《ぼけん》とか買地券《ばいちけん》といって、墓の中に墓地の売買文書の写し、もしくは売買文書に擬した記録を鉛や磚《せん》(方形の瓦)、石などに記したり刻んだりして埋葬したものである。たとえば、一九七五年に江蘇省揚州の漢墓から出土した墓券は、七面体の磚に次のような文言が刻まれていた。

熹平五年七月庚寅朔十四日癸卯。広□郷楽成里劉元台。従同県劉文平妻□□代夷里冢地一処。賈銭二萬。即日銭畢。□至官道。西尽□瀆。東与房親。北与劉景□。為冢。時臨知者。劉元泥・沈安居。共為券書平折。不当売而売。辛為左右所禁□。平□為是正。如律令。（磚　一九七五年江蘇省揚州甘泉山南漢墓出土『文物』80－6）

熹平《きへい》五年七月十四日、広□郷楽成《らくせい》里の劉元台《りゅうげんだい》は、同県の劉文平《りゅうぶんへい》妻□□から代夷里《だいいり》の墓地一処を二万銭で買った。その日に支払った。南（?）は官道に、西は□瀆に、東は房親《ぼうしん》の土地に、北は劉景《りゅうけい》□の土地にそれぞれ接しており、ここに墓地を為す。立ち会い人は、劉元泥《りゅうげんでい》・沈安居《しんあんきょ》。互いに券書《けんしょ》を作り折半してもつ。売るべからずして売ったら、禁を破ったこととして罪となる。如律令。

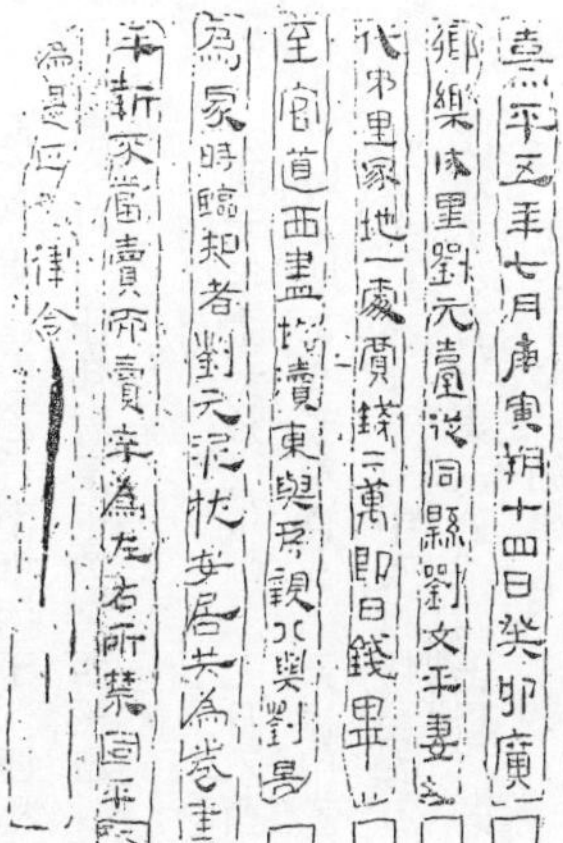
図23　墓券　『文物』80－6

かかる墓券は、前漢時代から近世に至るまで作り続けられていたのだが、その記載内容は、現実的なものから架空、空想的なものへと時代を追って変化していく。右の熹平五年（一七六）の墓券は、むしろ現実的な記載だといえるが、一九八〇年、江蘇省で発見された晋永康《えいこう》元年（三〇〇）の磚は、これとは趣を異にしている。

永康元年十一月戊午朔二七日乙酉収。翻陽葛陽李達年六十七。今従天買地。従地買宅。東極甲乙。南極丙丁。西極庚辛。北極壬癸。中英戊己。買地買宅。雇銭三百、華巾三尺。任知者東王公・西王母。若後志宅。当詣東王公・西王母。是了。如律令。

（磚　一九八〇年江蘇省鎮江西晋墓出土『考古』84-6）

永康元年十一月戊午《ぼご》朔二七日乙酉《いつゆう》、収。翻陽《はよう》、葛陽《かつよう》の李達、年六十七。今、天より地を買い、地より宅を買う。東は甲乙《こうおつ》に極まり、南は丙丁《へいてい》に極まり、西は庚辛《こうしん》に極まり、北は壬癸《じんき》に極まり、中英(央)は戊己《ぼき》なり。地を買い、宅を買い、雇銭《こせん》は三百、華巾《かきん》三尺なり。任知する者、東王公《とうおうこう》、西王母《せいおうぼ》。若し後に宅を志(誌)すあらば、当に東王公、西王母に詣るべし。是に了す。如律令。

そこに記されている四界、天から土地を購入したということ、神話・伝説上の神々である東王公、西王母が保証人であることなどなど、非現実的内容が一見して明らかであろう。執行の命令を伴う現世での下行文書ではなく、架空の記載内容をもつ記録になぜに「如律令」といった法制用語を記さねばならないのか、否、それよりも、誰も目にすることのない墓中に埋葬する副葬品にこのような記載事項がなにゆえに必要なのか。

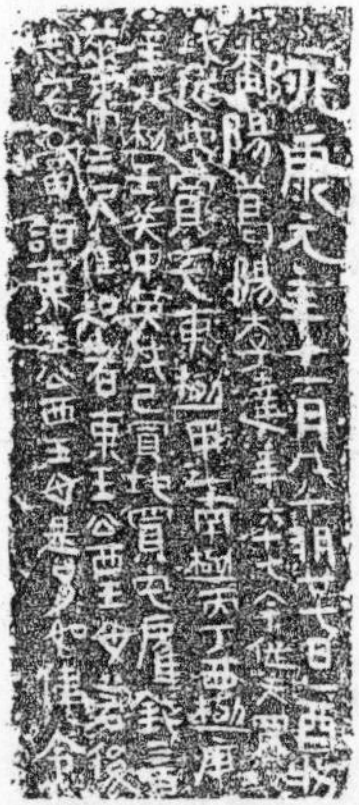

図24　墓券『考古』84-6

　このことを考えるにあたり参考にしたい、い

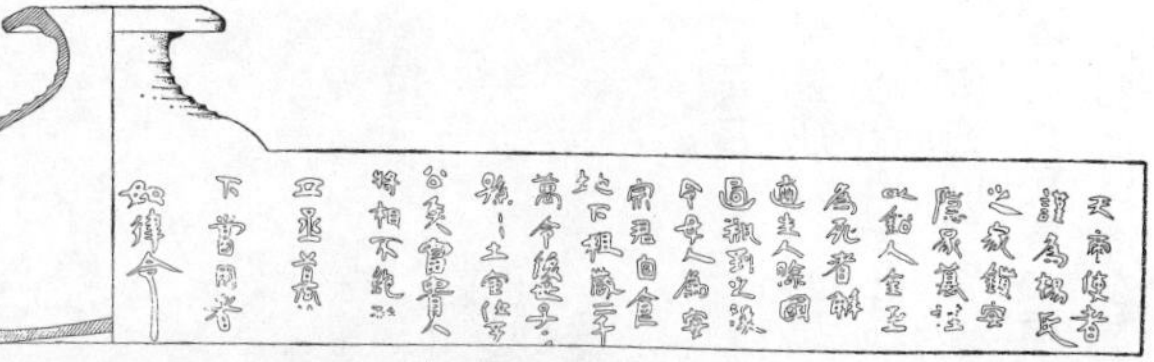

図25　鎮墓瓶　河南省霊宝県張湾後漢墓より出土．高さ15〜17cm，口径9〜11cm．『文物』75‐11

まひとつ別の副葬品がある。それは鎮墓瓶《ちんぼへい》と呼ばれる陶製の瓶《つぼ》に記された銘文である。ひとつそれを挙げよう。

天帝使者、謹為楊氏之家、鎮安隠冢墓、謹以鉛人金玉、為死者解適、生人除罪過、瓶到之後、令母人為安、宗君自食地下租、歳二千万、令子〻孫〻士宦位侯公、富貴将相不絶、移丘丞墓伯、下当用者、如律令。（一九七二年河南省霊宝県張湾後漢墓出土）

天帝使者、謹《つつし》んで楊氏の家の為に、冢墓《ちょうぼ》を鎮安《ちんあん》す。謹んで鉛人《えんじん》金玉を以て、死者の為に適《とが》を解き、生人のために罪過を除かん。瓶の到《いた》りしの後、母人をして安らか為《たら》しめん、宗君、自ら地下の租を食すること、歳二千万、子〻孫〻をして士宦、位は侯公《こうこう》に至り、富貴《ふうき》、将相《しょうそう》は絶えず。丘丞墓伯《きゅうじょうぼはく》に移す、当《まさ》に用うべき者に下す。如律令。

内容は、あの世の役人に対して、死者の霊を鎮め、子孫の繁栄を祈願すべく命令を下すといったもので、陶瓶の側面に朱をもって書かれている。張湾墓では同じ内容が書かれた瓶が四つ、墓室の隅にそれぞれ置かれていた。おそらく邪気の侵入を防ぐという意味がそ

図26　鎮墓獣　甘粛省酒泉下河清18号墓より出土.『世界美術大全集』東洋篇第２巻（小学館，1998年）

こにあったのではと考えられている。つまりこの鎮墓瓶は死者の霊魂を鎮めるとともに、「辟邪（魔除け）」の役割を担っていたのであった。

辟邪の役割をもった副葬品としては、鎮墓獣と呼ばれる邪気を祓《はら》うための動物、それは多くの場合には、邪を撃退する角などをもった神秘的動物の陶俑《とうよう》であるが、そういった鎮墓獣も多数の墓から出土している。そして、「如律令」という常套句も、墓の安寧を乱す邪鬼に対する威嚇、防備を狙っての語句ではないだろうか。ちょうど、現世での行政文書の末尾の「如律令」の語が、文書に威厳と畏怖を賦与することを意図したように、墓券、鎮墓瓶は「如律令」の三字を記すことで、鎮墓の厳粛さとそれを破る邪鬼への威嚇をそこに込めたのだとわたしは考えたい。

呪術的文言は、道教の文献中で「急急如律令」といった呪文に近い語が末尾に使われたり、今日の民間の信仰、習俗にみられる札にも「如律令」が書かれることが多い。これもやはり辟邪と畏怖をこの句に込めたと見たい。

法律を埋葬するのはなにゆえか

「はじめに」の検分調書に戻る。そこでわたしは「こういった調書がなにゆえに墓の中に埋葬されたのか」といった問題をそのまま残しておいた。雲夢睡虎地《うんぼうすいこち》十一号秦墓の棺の中には、「封診式」のほか、秦の刑法であった「秦律」をはじめとして法律の注釈書などがぎっしりと置かれていた。このことについては、拙著『古代中国の刑罰』（中公新書）で紹介したのだが、そこでわたしはこれらの竹簡が埋葬された理由に関して、死者があの世で生前さながらの生活を送るとの死後観から、法律に限らず他の実用の書物、さらには副葬品を死後の生活用に埋葬したと解説した。いまもその考えを全面的に撤回するつもりはない。墓中に描かれた壁画、画像石、そして何よりもいくつもの墓室をもっている横穴式の墓の形態は、死者の生活空間を意味しているのであろう。

しかしながら、死後の世界をどのように考えるのか、それは今日にあってもそうであるように複数の死後観が混在し、副葬品をとってみても死者の死後の生活だけのために埋葬されたのではなく、別の意識、目的をもって墓の中に入れられたものもあるのではないか。特に法律関係の書き付けに関していえば、いっそうその感を強くする。

律の条文をはじめ、命令書、「如律令」という語が記された書き付け、さらには墓券が墓

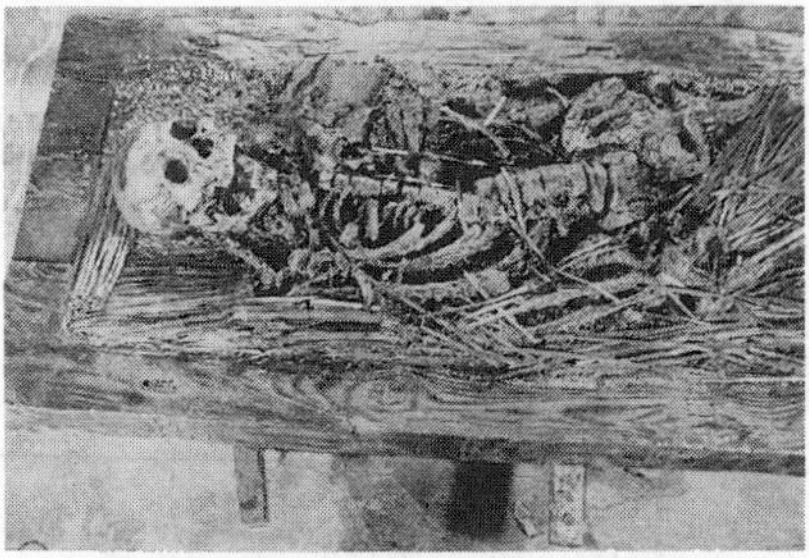

図27　雲夢睡虎地秦墓の棺　『雲夢睡虎地秦墓』（文物出版社，1981年）

の中から見つかっている事例は、決して少なくない。わたしは、それらが埋葬された理由は、法律に備わっている威嚇、畏怖の効果を期待して、辟邪（魔除け）を目的としていたのだと見たい。つまり、現実世界にあっては辟罪のための法律は、あの世では辟邪のために使われたと考えたいのだが、いかがであろうか。棺桶の中にぎっしりと、あたかも魔除けの呪文をまとったかのような睡虎地秦墓の遺体、耳なし芳一さながらの様をみれば、かく考えざるをえなくなるのである。

さらにいえば、『孫子』などの兵法書、書物ではなく兵士の俑すなわち兵馬俑、あれは一種の辟邪のための書物や鎮墓俑ではなかったのだろうか。

現実主義のデフォルメ

韓非思想の継承と変形といった課題で、地下世界にまで影響を与えた、法思想を考えてきた。最後に韓非思想の神髄の一翼を担った現実主義の継承について述べておかねばならないことがある。

「封診式」は調書の作成マニュアルであり、そういったマニュアルが存在するということは、現実に調書がひとつひとつの事件において作成され、それが上級の官署に報告されていたということを物語るものであろう。実際に運用されていたということは、漢代になっての資料であるが、中国西北、内モンゴル居延《きょえん》から出土した、次のような記載内容をもつ木簡が証明する（⧄は断簡記号）。

□内郡蕩陽邑焦里田亥告曰所与同郡県□⧄
⧄□死亭東内中東首正偃冒冥口吟両手捲足展衣⧄
　□当時死身完毋兵刃木索迹実疾死審皆証⧄（E. P. T58：46）

内郡蕩陽邑焦里の田亥、告げて曰う。関係する同郡県の……

……死、亭の東の内中《だいちゅう》で頭を東に向け、仰向けで、瞼《まぶた》を閉じ、口をうっすらと開き、両手を交差して、足を展《の》ばして、衣は……

……死体には損傷はなく、刃物や棒による傷はない。病死であることは明らかである。

……

残念ながら断片でしか残ってはいないが、内容は、他殺ではなく病死者についての報告であり、やはりあの「封診式」と同じように、遺体の状態、外傷の有無等に関しての検視をふまえた文書である。きわめて科学的かつ合理的な捜査が漢においても受け継がれていったことと、徹底した文書行政のシステムがすでに二千年前の中国において存在していたことが分かる。居延から出土した木簡、それはほぼ四万本を数えるがその大部分は、日常の行政文書、帳簿であり、そこから帝国の末端にまで管理、統制が及んだ中央集権国家の姿が浮かび上がってくるのである（籾山明『漢帝国と辺境社会』、中公新書）。韓非が主唱した法によるシステマティックな管理、統制をそれは物語るといってもよいかもしれない。

なるほど、古代中国において、緻密《ちみつ》で合理的な、そしてきわめて完成度の高い司法、行政システムが理論化され、現実に運用された、否、運用しようと試みられた、いくつかの史料から確かにそれがうかがえる。しかし……である。読者誰しも疑問を抱くであろう。「広い中国、膨大な人口のもと、本当にかくも緻密な司法、行政がおこなわれたのであろうか。韓非は、罪を犯した者には、確実に刑罰を適用せねばならない、といった。物理的条件は本当にそれを可能にしたのであろうか」。また、別の疑問も出てこよう。「法制度の徹底と、刑罰の厳格な適用を主唱したあの韓非の世界と、今日の中国の現状との間には何かしら隔《へだ》たりがあるように思える」と。

右の疑問はわたし自身も同様である。厳格で妥協を許さぬ徹底した法治主義がはたしてどれほど実行されたのか、やはり問題とせねばならない。

一方で完成度が高く、かつそれを徹底施行することを強く要求する規定、法があり、一方でそれをそのまま実行するには困難な環境が現実に存在する。この二律背反《アンティノミー》の解消としては、たとえ実行できなくとも妥協することなく前者を主張し続けるか、または後者を理由に前者を切り捨てるか、一方は理想主義であり、一方は現実妥協の立場であろう。

しかしながら、建前＝理念と、実際＝現実を緊張関係に置きながらともに共存させようとする論理が、中国には存在していたのである。それは一方を否定し捨象するものではなく、また原則と例外の関係に両者を置くものでもない、いわば二元論的思考というもので、その発生は戦国時代あたりにさかのぼる。

「実は与《ゆる》して、文は与さず」とは、魯の年代記である『春秋』（一四頁参照）の解説書『春秋公羊伝《くようでん》』に数箇所にわたって出てくる句である。いうところの「実」とは現実、「文」とは理念、「現実の要請としては是認するが、理念のうえでは認めることができない」という『公羊伝』の論説である。

かかる「文・実の論」は、周王室の権威（王道）が失墜し、下剋上の混乱の世にあって、周王に代わって力による安定をめざした覇者の功績（覇道）を肯定する論理の中で導き出された二元論である。「文は与さず」と現実的要請への反提定をそれは伴うが、文と実は両立併存し、あえてどちらに比重が置かれているかと問われれば、「実、与す」にかかっているといってよいかもしれない。なぜなら、このような二元論が持ち出されたこと自体、「実」がそこに存在し、その「実」を考慮に入れねばならないということなので。

「文与さず」のみに固執すること、これは理想主義以外の何物でもない。しかしながら、「実与す」との言葉は、現実に立脚し、視点を現状に据える現実主義にほかならない。そして、この現実主義はあの韓非思想にみられた現実主義と通底するものといってよかろう。『春秋公羊伝』は本来は『春秋』の解説書であったが、漢の時代にはこの書および公羊学と呼ばれた学問が政治の要所要所で重要な役割を担い、政策の指標ともなっていた。あの宣帝の言葉、「わが漢帝国には政治の方針があるのだ、覇道と王道を併存させるという」との主張も、「文実二元論」に立脚していることをいうものといえる。

建前と本音、名（文）と実を併存させるといった二元論的思考は、以後の中国社会において絶えることなく引き継がれていく。とりわけ制度の執行においては、現実の環境と原則の実現の間に横たわる齟齬《そご》の解消に効力を発揮する。制度・規定の完成度が高ければそれだけ、また実行面での要請が強ければいっそう、文実二元論的思考に立脚した対処方法が有効に働いたのである。「建前と本音」「名と実の使いわけ」、これらは今日もわれわれが中国の政治、社会に対して抱くイメージではないか。

　またこうもいえるかもしれない。文実二元論は完成度の高い制度と現実主義的思考が生み出した鬼子であったと。『韓非子』の中には「実は与して、文は与さず」といった思考は微塵《みじん》もみられないし、法律の徹底と断固たる刑の執行を主張してやまない韓非にあって、かかる二元論は断じて認められなかったであろう。しかしながら、韓非思想の神髄ともいえる現実主義、とりわけ現実をそのまま肯定し、それを考えの起点とする現実立脚主義は、「実は与す」を受け入れる余地を以後の中国の法執行において、十分に提供したと考えられる。これは、韓非の徹底した現実主義が韓非思想の不徹底を許容したという、皮肉な変形《デフォルメ》であった。

あとがき

『韓非子』がわが国に伝わったのはいつの時代か。寛平《かんぴょう》年間（八八九〜八九八）に編纂された藤原佐世《ふじわらのすけよ》『日本国見在書目録《にほんこくげんざいしょもくろく》』には、「韓子十巻」としてその名が見え、遅くとも九世紀までに日本へ輸入されていたことは確かである。

他方、早くも七世紀の推古朝に『韓非子』の影響がみられるという説がある。六〇四年に制定された十七条憲法のいくつかの条文が法家思想にもとづいたもの、もしくは『韓非子』の語句を借用しているとする主張である。岡田正之「憲法十七条に就いて」（『近江奈良朝の漢文学』東洋文庫論叢第十、一九二九）においてそれが指摘され、家永三郎「憲法十七条」（『日本思想体系　聖徳太子』岩波書店）も全面的ではないにしろ、『韓非子』からの引用を認めている。十七条憲法が聖徳太子の真作か否かという江戸期から続く議論はひとまず措《お》くとして、法家思想と関連があるとされる条文を挙げれば、あらまし次の四条となる。

第一条　和を以て貴《とうと》しと為す。……人皆な党《とう》あり。亦《ま》た達《たつ》する者、少なし。

第七条　古の聖王、官の為に人を求め、人の為に官を求めず。

第十一条　功過を明察し、賞罰、必ず当てよ。

第十五条　私に背いて公に向かうは、臣の道なり。

岡田は『韓非子』を代表とする法家の著作の中に、右の四条の語句を含んだ類似の表現が認められる、もしくは法治主義の信賞必罰を連想させる句（たとえば第十一条）が見えると論じているが、はたしてそうだろうか。「功過」「賞罰」は、法家に限らず、正史をはじめとする唐代以前の文献史料には、それこそ枚挙に暇《いとま》なく検出することができる。明らかに『韓非子』を引用している、韓非思想をふまえた条文だと断定することは難しいように思う。

「以和為貴」のかの有名な一条も、特に「人皆な党あり。亦た達する者、少なし」は「朋党《ほうとう》比周《ひしゅう》――党派をくんでなれ合う」（孤憤）と結びつけて韓非思想の影響をそこに読み取ろうとするが、『論語』に「礼の和を用いて貴しとす」（学而）、「人の過《あやまち》や、各《おのおの》の其の党に於てす」（里仁）、「君子、党せず。君子も亦た党する乎」（述而）、「夫《そ》れ達なるものは、質直《しっちょく》にして義を好み、……邦に在りても必ず達し、家にありても必ず達す」（顔淵）などと見えるように、明らかに『論語』を典拠として作文されたものといわねばならない。十七条憲法における韓非思想の影響について、わたしは否定的に考えている。

時代が下って、『韓非子』が再び歴史の中に現れるのは江戸中期のことである。十八世紀になると荻生徂徠《おぎゅうそらい》の著した『読韓非子』四巻をはじめ、『韓非子』の研究・注釈書が目立って増えてくる。その間の事情は、猪口篤志「邦人の韓非子研究について」(『東洋研究』二・三号、大東文化大学東洋学研究所)や横山裕「江戸漢学における『韓非子』の意義――諸注釈書に現れた『韓非子』観をめぐって」(『哲学年報』五六、九州大学文学部)などの論文に詳しい。

数多い注釈家の一人に太田全斎《おおたぜんさい》(一七五九〜一八二九)という考証学者がいる。全斎は雅号で、諱《いみな》は方《ほう》。備後《びんご》国福山藩の文学教授、側用人、年寄格を歴任した人物である(彼の伝記に関しては、亀田次郎「太田全斎伝」「太田全斎伝補遺」「太田全斎伝続補遺」、『國學院雑誌』第一一巻二号、同三号、第一七巻六号がある)。その全斎が全精力を傾けて完成した『韓非子翼毳《よくぜい》』二十巻は、江戸期の注釈書の中でも白眉とされ、中国歴代の注釈に比べても勝るとも劣らないとの定評がある。語義解釈、他文献に見える用例・引用などのいわゆる訓古学、考証学的注釈としてきわめて完成度が高いのは間違いないところだが、残念なことに、全斎その人と『韓非子』の思想的つながりについて、『翼毳』は何も語ってはくれない。『翼毳』には全斎の自序が付されているが、そこでは『韓非子』各篇の考証に多くが割かれ、法家思想、刑罰思想への言及は通り一遍でしかない。

朱子学全盛の江戸期の風潮の中で、全斎が『韓非子』に惹《ひ》かれたのはなぜか。韓非の法思想、政治思想を彼がどのように受け取り、それを藩政のうえでどのように実行せんとしたのか。福山藩の経営に韓非思想の影響があるのか。さらには、『韓非子』の法実証主義、現実主義が江戸時代の法思想の中でどう位置づけられるのか。それが幕末から維新にかけて何かしらのインパクトを与えたのか。こうした疑問の解決はすべて今後の課題であり、精力的に取り組んでいきたいと考えている。日本における韓非思想の受容を明らかにする、というわたしの今後の研究課題への足がかりである。

本書は、二〇〇一年度におこなった京都大学法学部の授業「伝統中国の制度と思想」をもとにしている。実は、この年の授業は特別な意味をもっていた。

京都大学には、高等教育教授システム開発センター(二〇〇三年度より「高等教育研究開発推進センター」に改組)という大学教育、授業研究、講義法等を研究する付置研究機関があり、京都大学で行われている授業を参観し教授法を研究するプロジェクトが進められていた。どうしてか分からないが、わたしの授業が観察の対象となってしまい、水曜日一限目の授業にセンターからF教授と研究生のS氏が聴講され、授業者がどのような教え方をしているのか、学生がそれにどのように反応しているのかを、一年を通して観察され、授業の変容過程を教育学の立場から研究されたのである。

われわれ教官は、授業という研究材料を提供するだけでよかったのだが、大学の同僚を前にして講義を進めることは、正直いってプレッシャー以外の何物でもない。学生だけなら、適度に息を抜くこともできるのに、教授法を専門とする研究者の授業参観、しかも毎時間のそれは、わたしには勤務評定、いや査察にも相当する。

しかしながら、今にして思えばそれはわたしにとっても得がたい経験であり、まことに充実した有意義な年度だったといってよい。自己の講義方法を再点検する機会を得、これからの授業の進め方に少しばかり展望が出てきた。黒板を背にして二十数年経ち、最近になってなぜか急に講義に自信がなくなってきた時期でもあったのだ。わたしばかりではない。聴いている学生諸君にとってもよかったのではなかろうか。緊張を余儀なくされ、手抜きができない教官の授業に接したのだから。

この授業観察では、毎回の受講後、学生に授業評価、質問、感想を提出してもらい、次の時間にわたしがそれに答えるということにした。そこで出されたもののうちいくつかを挙げてみよう。おそらく本書を読まれた読者も同じような思いを抱かれたのではないかと思うので。

・性善説よりも性悪説の方がわたしにとっては納得のいくものだった。「偽」が人為という意味をもつのは興味深いことで、西洋思想の中に、礼儀は偽りである、背徳者たれ、という極論があったことを思い出した。

・韓非の思想はその現実的な視点と明快さが現代に通じていると思う。しかし、現代では共感されても、受け入れ用いられていくことは困難だろうと思う。あまりに客観的、冷静すぎて。

・法が完全に機能した国家において君主の役割は不要となるということについて、現代にあてはめるとどうか。

・大衆は利を求め、それゆえに賞と罰を明確にする必要があるのは確かである。しかし、一方で大衆は功がなくても無原則に恩恵を求めるものであり、恩恵を受けられないなら、政治に対して不満をもつであろう。このような矛盾に対して韓非はどのように考えていたのだろうか。

・今日の社会においても、昔の社会においても、自己の理想のみでなく、深い人間性に立脚した考えが必要であることを改めて知らされた。社会が乱れるくらいなら人が死んだ方がまし、という考えはあまりに強烈すぎて賛否は如何ともしがたいと思う。

わたしは、学生たちが韓非の思想を学ぶことで「比較文化、比較思想的考察」「自己の思考の形成と洞察の深化」を身につけることを期待して講義をしてきた。いうところの比較とは、時間的な比較軸と空間的な比較軸であり、時間軸とは過去と現代、空間軸とは東洋と西洋である。

学生たちの意見や疑問を見るに、確かに期待に沿った比較考察をおこなってくれている。現代の政治や社会にも共通する点、共感される点、相容れないところなどの指摘、つまり、韓非思想のみにとどまらず過去の歴史・思想をもってわれわれの生きている時間と空間を照射すること、それはわれわれの存在そのものを考えることにほかならず、歴史を学ぶ意味は一にここにあるといってもよかろう。学生諸君にはさらに洞察を深め、その解答を自身で考えてほしいと思う。

たとえば、他にはこのような疑問があった。

――君主は自らをどのように権威づけるのか。権威なくして支配は可能か。

実に示唆に富む疑問である。「君主」とは。「権威」がもつ「尊厳」。その尊厳性が統治力となるのか。ことがらは、支配と被支配、君主と権威、権威を保証するもの、カリスマと支配の形態へと展開するであろう。

――科学の発達していない時代に韓非の思想は、なぜそこまで合理的、現実的でありえたのか。

誰しもが抱く素直な問いかけであろう。そこから、科学と合理性の問題が出てくる。問いは、「科学が発達すると合理的、現実的思考が生まれる」との前提に立ってのものである。しかし、はたしてそうか。ならばなぜ「科学が発達した現代に、オカルト信仰、迷信に人は魅せられるのか。その実在が科学的には証明できない絶対的人格神を懐《いだ》く宗教がなぜ科学的現代に併存しており、それに惹かれる者が跡を絶たないのか」、「いったい人間の思想の向上とは何か。さらには文化の発展とは何か」。さらに考えてほしい。「人間は、また社会は、賢くなっていくものか。人の愚かさの程度は韓非の生きた時代よりも減じたといえるのか」と。

次代を担う若き学徒の思想形成に、韓非の思想が何らかの役に立つことを願ってやまない。そして同じような問題意識を、本書を手にされた読者の方々とも分かち合い、ともに考えていくことができれば幸甚である。

二〇〇三年　早春

冨谷　至

冨谷 至（とみや・いたる）

1952年（昭和27年），大阪府に生まれる．
京都大学文学部史学科東洋史学専攻卒業．文学博士．京都大学人文科学研究所教授などを歴任．京都大学名誉教授．専攻，中国法制史．
著書『ゴビに生きた男たち　李陵と蘇武』（白帝社）
『古代中国の刑罰』（中公新書）
『秦漢刑罰制度の研究』（同朋舎）
『木簡・竹簡の語る中国古代』（岩波書店）
『文書行政の漢帝国』（名古屋大学出版会）
『中国義士伝』（中公新書）
『四字熟語の中国史』（岩波新書）
『漢唐法制史研究』（創文社）
『中華帝国のジレンマ』（筑摩選書）
『漢倭奴国王から日本国天皇へ』（臨川書店）
ほか

韓非子《かんぴし》
中公新書 *1695*

2003年5月25日初版
2018年6月25日3版

著　者　冨谷　至
発行者　大橋善光

本文印刷　三晃印刷
カバー印刷　大熊整美堂
製　本　小泉製本

発行所　中央公論新社
〒100-8152
東京都千代田区大手町1-7-1
電話　販売 03-5299-1730
　　　編集 03-5299-1830
URL http://www.chuko.co.jp/

Published by CHUOKORON-SHINSHA, INC.
Printed in Japan　ISBN978-4-12-101695-9 C1210

中公新書刊行のことば

一九六二年一一月

いまからちょうど五世紀まえ、グーテンベルクが近代印刷術を発明したとき、書物の大量生産は潜在的可能性を獲得し、いまからちょうど一世紀まえ、世界のおもな文明国で義務教育制度が採用されたとき、書物の大量需要の潜在性が形成された。この二つの潜在性がはげしく現実化したのが現代である。

いまや、書物によって視野を拡大し、変りゆく世界に豊かに対応しようとする強い要求を私たちは抑えることができない。この要求にこたえる義務を、今日の書物は背負っている。だが、その義務は、たんに専門的知識の通俗化をはかることによって果たされるものでもなく、通俗的好奇心にうったえて、いたずらに発行部数の巨大さを誇ることによって果たされるものでもない。現代を真摯に生きようとする読者に、真に知るに価いする知識だけを選びだして提供すること、これが中公新書の最大の目標である。

私たちは、知識として錯覚しているものによってしばしば動かされ、裏切られる。私たちは、作為によってあたえられた知識のうえに生きることがあまりに多く、ゆるぎない事実を通して思索することがあまりにすくない。中公新書が、その一貫した特色として自らに課すものは、この事実のみの持つ無条件の説得力を発揮させることである。現代にあらたな意味を投げかけるべく待機している過去の歴史的事実もまた、中公新書によって数多く発掘されるであろう。

中公新書は、現代を自らの眼で見つめようとする、逞しい知的な読者の活力となることを欲している。

中公新書

哲学・思想

1 日本の名著(改版) 桑原武夫編
2187 物語 哲学の歴史 伊藤邦武
2378 保守主義とは何か 宇野重規
2288 フランクフルト学派 細見和之
2300 フランス現代思想史 岡本裕一朗
2036 日本哲学小史 熊野純彦編著
832 外国人による日本論の名著 佐伯彰一・芳賀徹編
1696 日本文化論の系譜 大久保喬樹
2243 武士道の名著 山本博文
312 徳川思想小史 源了圓
2097 江戸の思想史 田尻祐一郎
2276 本居宣長 田中康二
2458 折口信夫 植村和秀
1989 諸子百家 湯浅邦弘
2153 論語 湯浅邦弘
36 荘子 福永光司
1695 韓非子 冨谷至
1120 中国思想を考える 金谷治
2042 菜根譚 湯浅邦弘
2220 言語学の教室 西村義樹・野矢茂樹
1862 入門! 論理学 野矢茂樹
448 詭弁論理学(改版) 野崎昭弘
593 逆説論理学 野崎昭弘
2087 フランス的思考 石井洋二郎
1939 ニーチェ ツァラトゥストラの謎 村井則夫
2257 ハンナ・アーレント 矢野久美子
2339 ロラン・バルト 石川美子
674 時間と自己 木村敏
1829 空間の謎・時間の謎 内井惣七
814 科学的方法とは何か 浅田彰・黒田末寿・佐和隆光・長野敬・山口昌哉
1333 生命知としての場の論理 清水博
2176 動物に魂はあるのか 金森修
2203 集合知とは何か 西垣通
2495 幸福とは何か 長谷川宏

中公新書

宗教・倫理

b1

中公新書

心理・精神医学

c1

中公新書

世界史

1353	物語 中国の歴史	寺田隆信
2392	中国の論理	岡本隆司
2303	殷—中国史最古の王朝	落合淳思
2396	周—理想化された古代王朝	佐藤信弥
2001	孟嘗君と戦国時代	宮城谷昌光
12	史記	貝塚茂樹
2099	三国志	渡邉義浩
7	宦《かん》官《がん》(改版)	三田村泰助
15	科《か》挙《きょ》	宮崎市定
1812	西《せい》太《たい》后《こう》	加藤徹
166	中国列女伝	村松暎
2030	上海	榎本泰子
1144	台湾	伊藤潔
925	物語 韓国史	金両基
1367	物語 フィリピンの歴史	鈴木静夫
1372	物語 ヴェトナムの歴史	小倉貞男
2208	物語 シンガポールの歴史	岩崎育夫
1913	物語 タイの歴史	柿崎一郎
2249	物語 ビルマの歴史	根本敬
1551	海の帝国	白石隆
1866	シーア派	桜井啓子
1858	中東イスラーム民族史	宮田律
2323	文明の誕生	小林登志子
1818	シュメル—人類最古の文明	小林登志子
1977	シュメル神話の世界	岡田明子 小林登志子
1594	物語 中東の歴史	牟田口義郎
1931	物語 イスラエルの歴史	高橋正男
2067	物語 エルサレムの歴史	笈川博一
2205	聖書考古学	長谷川修一

中公新書

政治・法律

h1